グループ臨床家を育てる

ファシリテーションを学ぶシステム・活かすプロセス

野島一彦 監修
Kazuhiko Nojima

髙橋紀子 編
Noriko Takahashi

創元社

まえがき

　村山正治先生を通して私がエンカウンター・グループと出会ったのは1970年であり、もう四十年以上も、エンカウンター・グループの実践と研究を続けてきたことになる。そのなかで、私にとって1996年は大きな転換点になった。というのは、母校の九州大学で臨床心理士を養成する大学院を担当することになり、若手のエンカウンター・グループ臨床家を育てる機会を与えられたからである。

　それ以前は、1982年以来、某看護学校における3～4グループ同時進行のエンカウンター・グループのオーガナイザー兼ファシリテーターとして、後輩たち（本書の執筆者として名を連ねている、安部恒久・高松里・中田行重・坂中正義ら）と一緒にグループを担当し、ある意味で彼らを育てることをしていた。しかし、それらは単発的であった。

　1996年からは、大学院担当ということで、一定年限、システマティックにエンカウンター・グループ臨床家を育てるプログラムを設定することができるようになった。それで毎年、試行錯誤的にいろいろ工夫してきた。その積み重ねが現在のシステムになったのである。

本書は、十五年余りに及ぶそのファシリテーション養成システムについて、紹介しようとするものである。
　ところで私はなぜ、これほどまでにエンカウンター・グループ臨床家を育てることに熱心なのであろうか。その理由は、エンカウンター・グループは単なる心理臨床の一技法ということを超えて、創造的な人生・世界の縮図のようであり、人間としての「生き方」につながるように私には思えるからであろう。

　本書の出版にあたっては、長年にわたる私のエンカウンター・グループ臨床家を育てるシステムをひとつの形にまとめることを発案し、その作業をしていただいた教え子の髙橋紀子さんのご尽力に深く感謝する。また、創元社編集部の津田敏之さんの暖かなサポートに感謝する。

野島　一彦

　　　　　　　目　次

　　まえがき

序　章　心理臨床家をどう育てるか　1

第1章　グループ臨床家になるということ　11

　　第1節　被養成体験をもとに
　　第2節　ファシリテーターを養成する立場から
　　第3節　ファシリテーター養成を受ける立場から
　　第4節　フォローアップ・インタビュー

第2章　ファシリテーションを学ぶシステム　33

　　第1節　グループプロセスをみる際の基本的視点
　　第2節　二年間のファシリテーター養成プログラム
　　第3節　エンカウンター・グループ・セミナー
　　　　　　　　　　　　　　　による集中的な学び
　　第4節　エンカウンター・グループ事例カンファレンス
　　　　　　　　　　　　　　　における継続的な学び
　　第5節　身近にエンカウンター・グループを学ぶ
　　　　　　　　　環境がない場合どうすればよいか
　　第6節　フォローアップ・インタビュー

第3章　グループ臨床を学ぶプロセス　65

- 第1節　メンバー体験の位置づけ
- 第2節　コ・ファシリテーター体験と役割
- 第3節　ファシリテーター養成における
　　　　「コ・ファシリテーター方式」の意義
- 第4節　ファシリテーター養成プログラムにおける
　　　　ファシリテーターとして心がけていること
- 第5節　フォローアップ・インタビュー

第4章　学びのプロセス、そして学びを活かすプロセスの多様性　83

- 第1節　臨床心理士を目指す院生にとって
　　　　グループ体験は必須のものか
- 第2節　はじめてグループ体験をする人たちに
　　　　エンカウンター・グループをどう伝えるか
- 第3節　大学院授業のメンバー・ファシリテーター
　　　　両方の体験から学び合う
- 第4節　学びのプロセスを支え合う
- 第5節　型から入り型から出る
- 第6節　フォローアップ・インタビュー

第5章　その人の生き方につながるものとしてのグループ臨床　107

- 第1節　私とエンカウンター・グループの関わり
- 第2節　フォローアップ・インタビュー

グループ臨床家を育てる

——ファシリテーションを学ぶシステム・活かすプロセス——

装画　ミズタマリ

装丁　上野かおる

序　章

心理臨床家をどう育てるか

野島　一彦

はじめに

　「心理臨床家を育てる」ということはどういうことであろうか？　それはパソコン操作を教えるということと同じなのであろうか、違うのであろうか？　結論を先にいえば、同じ部分と違う部分があるといえよう。一定の知識と技術を学習させるという意味では同じである。しかし、パソコン操作を学習するにあたっては学習者の人間性が問題にされることはないのに対し、心理臨床の学習にあたっては学習者の人間性（その人の持ち味など）がすぐ問題となる。しかも、「心理臨床家にとっては、知識・技術が三割、人間性が七割」とよくいわれるように、人間性の比率が高いのである。さらに、知識・技術の獲得に比べて、人間性の獲得はなかなか簡単にはいかない。ここが「心理臨床家を育てる」ことの難しさである。

　また「心理臨床家を育てる」ことには別の難しさもある。指導者があまり教育熱心でないと、一部のかなり意欲・能力が高い若手は自分で努力してたくましく個性的に育っていくが、意欲・能力が低い若手はあまり育たないことになる。他方、指導者がかなり教育熱心であると、多くの若手は一定レベルまでは育つが、キラリと光る個性が育ちにくいことも起こる。つまり指導者のほどほどのあり方がなかなか難しいのである。

　さらに他の難しさもある。若手一人ひとりの「心の体格・体力」はそれぞれ異なっている。それだけに「心理臨床家を育てる」ためには、指導者はそれをよく見極めて、それぞれに合った指導をしていかなければならない。若手の「こころの体格・体力」の見極めを間違えると、指導者にとっても若手にとってもフラストレーションが高まることになる。

　このようなことから、「心理臨床家を育てる」ということはいろいろな意味で難しいのではあるが、指導者がさまざまな工夫をすることで、それらの難しさを乗り越えて、心理臨床家を育てることは可能であると私は考えているし、そのつもりで日々の教育を行っている。

　ここでは、私の「心理臨床家を育てる」際の基本的姿勢や願いを述べるとともに、私の臨床教育の実際と特色、指導者側のことについても触れたい。

私の基本的姿勢

若手の心理臨床家を育てるにあたって、私の基本的姿勢は大きく三つある。

（1）私自身はPCA的生き方をしたい

私にとってPCA（Person-centered Approach：来談者中心療法が発展したもの）は、実践・教育・研究における学問上の大事な立場であるとともに、一人の人間としての生き方のベースでもある。

そうなったいきさつは後述するが、1960年代後半の学部時代、権力をもつ者がそうでない者を力で押さえつける構造が支配する状況のなかで、カール・ロジャーズの人間のもつ実現傾向への信頼と、それを十分に発現させるための中核（態度）条件（自己一致、無条件の肯定的配慮、共感的理解）の考え方は、強烈に私のこころに染み込んだ。それらの人間観をもとにした生き方を、私自身はPCA的生き方であると思っている。

（2）若い人がやりたいことをやりたいようにやっていくことをサポートしたい

若い人が自発的・内発的にやりたいと思うことをやりたいようにやっていくことを、私はいつもサポートしたいと思っている。研究指導面では、本人がやりたいという卒業論文や修士論文のテーマについて、私は変更を求めることはせずサポートすることにしている。そのようなテーマは、本人の生き方と密接に関連しているように思われるからだ。

臨床指導面では本人が取り組みたいという臨床実践については、できるだけ私はそのような臨床のフィールドを確保すべく努力する。院生は現在、アルコール依存症者への援助、対人援助職の心理支援、ターミナルケアに携わるナースの心理支援、児童養護施設における援助、臨床心理系院生のためのエンカウンター・グループ、（中国からの留学院生は）中国語による在日就学生のためのカウンセリングなどに取り組んでいる。

（3）若い人がPCAと自称するかどうかは気にならない

私自身はPCA的生き方をしたいと思っているし、私の学問的立場はPCAであると称している。しかし、私の指導を受けた若い人が、自分自身についてPCAと自称するかどうかは気にならない。また、若い人がPCA以外の諸立場

（精神分析・行動療法など）に関心をもち、それらの知識と技術を学ぶことも気にならない。どう自称するか、どのようなことを学ぶかということより、その人がその人らしくあってほしい（その人の持ち味を十分に生かしてほしい）と願っている。呼称（ネーミング）より中身が大事であると思っている。

心理臨床家をめざす人への願い

　私は心理臨床家を育てるにあたり、心理臨床家をめざす人に大きく三つのことを願っている。

（1）実践・理論・研究の三つのバランス

　まず第一に、心理臨床家をめざす人は、〈実践〉〈理論〉〈研究〉の三つのバランスがとれた人であってほしいと思う。

　心理臨床の原点は〈実践〉であり、それを大切にすること、そこからいろいろ学ぶことはとても大事であると私は考えている。また、〈実践〉をよりよくやれるようになるためには、しっかりと〈理論〉を学ぶこと、そして自分の〈理論〉をつくることが欠かせないと思う。そして、〈実践〉と〈理論〉を絶えず検討してよりよいものにしていくためには、〈研究〉を進めなければならないと考える。なお、〈研究〉という場合、「事例研究」はもちろんであるが、「実証的研究」もできる必要がある。

　〈実践〉はよくやっているけれども、〈理論〉と〈研究〉が弱いとか、〈理論〉は強いけれども〈実践〉と〈研究〉はあまりやっていないとか、〈研究〉には熱心だけれども〈実践〉や〈理論〉をおろそかにするとか、そういうことがないようにと願う。

（2）学習・研究発表・臨床活動の三つのバランス

　第二に、心理臨床家をめざす人は、〈学習〉〈研究発表〉〈臨床活動〉の三つのバランスがとれた人であってほしいと思う。

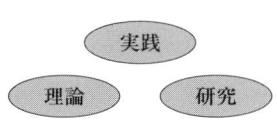

　〈学習〉は、外部からいろいろなものを「受信」して吸収することといえる。それは、自分の大学の授業・（可能であれば）他大学の授業などに出ること、各

種講演会・研修会・セミナー・学会などに出ることを通してできる。また、心理学やそれ以外の諸領域の読書をすることによっても、さらにさまざまな人生経験することなどによっても可能である。〈研究発表〉は、研究の成果を外部に対して「発信」し、その成果を多くの人と共有することであろう。それは学会における口頭発表・ポスター発表や、修士論文・特選題目研究論文・博士論文・紀要投稿論文・学会誌投稿論文・出版などのかたちで行うことができる。〈臨床活動〉は、心理臨床家としての自分を「練っていく経験」といえる。臨床活動は、できるだけ多様な領域（教育、福祉、医療、保健、司法・矯正、産業、地域社会など）でやってみることがいいと思う。また、できるだけ多様な技法（個人カウンセリング、グループ・アプローチ、コミュニティ・アプローチなど）になじむようにするほうがよいだろう。

　〈学習〉はよくやっているけれども〈研究発表〉と〈臨床活動〉が少ないとか、〈研究発表〉は多いけれども〈学習〉と〈臨床活動〉はあまりやっていないとか、〈臨床活動〉は豊富にやっているけれども〈学習〉や〈研究発表〉はいまいちであるとか、そういうことがないようにと願う。

（3）四種類の学習形態

　第三に、心理臨床家をめざす人は、次の四種類の学習形態のすべてをとおして学んでほしいと思う。

　① 認知的学習：心理臨床家をめざす人は、授業・読書などにより心理臨床に必要な概念、知識、理論等を学ぶことが必要である。

　② 体験学習：心理臨床家をめざす人は、自分自身がクライエント体験をすることも大切である。精神分析では教育分析というかたちで行われているが、その立場以外でも教育カウンセリングやトライアル・カウンセリングを体験するとよいだろう。あるいは、それに類似した体験として、フォーカシング体験をすること、エンカウンター・グループなどのグループ体験学習に参加することでもよいと思う。そのような体験は、自己理解を深めることにつながる。

　③ 臨床経験：臨床経験は、大学院のフォーマルな指導としては、学内実習と学外実習（医療・保健、教育、福祉など）をとおしてすることができる。しかしそれ以外にも、ボランティア活動やメンタルフレンド活動、自主的な無給の学外施設研修、有給の学外施設研修等をとおしてもすることができる。

　④ 臨床経験の検討：心理臨床家として腕を上げていくためには、心理臨床経験を行いながら、その経験をめぐって第三者を交えて検討すること（スー

パーヴィジョン、カンファレンス)が必要である。
自分一人我流でやっているだけでは、実力がつかないばかりかクライエントに対し悪い影響を及ぼす危険性もある。

1	認知的学習
2	体験学習
3	臨床経験
4	臨床経験の検討

　また担当した事例が終結したら、事例研究論文としてまとめて、学会誌や紀要に投稿して、第三者の目をとおして検討してもらうことも大切である。

何を学ぶか──PCAの基本

　何かの縁で私の研究室に所属するようになった若い人には、私が提供できるPCAの基本を学んでほしいと思っている。

　私なりに考えているPCAの基本というのは、① 実現傾向への信頼、② 中核(態度)三条件(自己一致＝体験過程レベル、意識レベル、表現レベルが一貫していること、無条件の肯定的配慮＝相手のどのような話に対しても批判・非難せずにスッと聞いていくこと、共感的理解＝相手の立場に立って相手の気持ちをわかること)、③ エンカウンター・グループ的精神である。

　このようなPCAの基本について、講義等で言葉で伝えることもある。しかし私の密かな願いは、私自身の研究指導、臨床指導、学習指導のなかで、また一人の人間としての私の生きる姿をとおして、それらを学んでほしいと思っている。さらにこれらの基本は、若い人の研究遂行、臨床実践、人生経験そのものをとおして学んでほしい。これらの言葉を知っていること、字義的意味を知っていることだけでは不十分であり、自分自身の体験をとおしてこれらのことがこころのなかに染み込んでいくことが大事である。そのようなレベルでPCAの基本を学んでほしいと思う。

1　実現傾向への信頼
2　中核(態度)三条件
　① 自己一致＝体験過程レベル、意識レベル、表現レベルが一貫していること、
　② 無条件の肯定的配慮＝相手のどのような話に対しても批判・非難せずにスッと聞いていくこと
　③ 共感的理解＝相手の立場に立って相手の気持ちをわかること
3　エンカウンター・グループ的精神
　自発性の尊重、リーダーシップの分有、自分に正直である・率直に語る・素直に聞く等

序　章　心理臨床家をどう育てるか

私の臨床教育の特色

　私の臨床教育には、① エンカウンター・グループをベースとする、② 個人臨床とともにグループ臨床も教育する、③ 実践（実戦）をとおしての「基本」と「即応性」を教育するという三つの特色がある。

（1）エンカウンター・グループをベースとする教育

　私自身が1970年から一貫してエンカウンター・グループの実践と研究を継続していることもあり、私の臨床教育ではエンカウンター・グループがベースとなっている。

　学部生の時は、毎年後期の授業で構成的エンカウンター・グループ、年に二回のオプション・プログラムとしてのベーシック・エンカウンター・グループでメンバー体験をする。大学院では、メンバー体験を深めるとともに、次のようなファシリテーター体験を行う。修士一年後期では構成的エンカウンター・グループのコ・ファシリテーター、ベーシック・エンカウンター・グループのコ・ファシリテーター、二年前期ではベーシック・エンカウンター・グループのコ・ファシリテーター、二年後期ではベーシック・エンカウンター・グループのペア・ファシリテーター、メイン・ファシリテーターである。

Key word：コ・ファシリテーター

　ファシリテーターが複数でグループを担当する際、メイン・ファシリテーターと対比される用語である。他のグループ・アプローチでのサブ・リーダーに近い意味合いをもつが、"sub-（補助、下位）"よりも"co-（協働）"を重視していることが名称から窺える。メイン・ファシリテーターは、他のファシリテーター（ら）を養成する立場の者、もしくは他のファシリテーターよりも経験を積んだ者である。コ・ファシリテーターはグループを安全に促進させるためにメイン・ファシリテーターと互いに補い合う役割を担う。例えば、構成的エンカウンター・グループではメイン・ファシリテーターが全体への関わりや進行を担い、コ・ファシリテーターは小グループや個々のメンバーの体験を促進するように関わることがある。またコ・ファシリテーターは、グループでのメイン・ファシリテーターのあり方、メンバーへの応答の仕方を間近に感じながら学ぶことができる。

> **Key word：ペア・ファシリテーター**
>
> 　養成過程にいるファシリテーターが、二人でグループを担当する場合に使用される用語である。一般に行われるエンカウンター・グループでも、ファシリテーターがグループに二人いることは珍しくないが、その場合は二人ともファシリテーターと呼ばれることが多いであろう。敢えてペア・ファシリテーターと呼ぶ場合は、まだメイン・ファシリテーターとしてグループを担当する前段階であること、同程度の研修を受けた（同程度の経験をしてきた）者同士がペアとなることを表している。コ・ファシリテーターはメイン・ファシリテーターとの対比であるが、ペア・ファシリテーターは対比されるものはなく、互いに同じ立場である。そのため、それぞれが自分のファシリテーションを洗練させ、ペアの相手と積極的にグループの理解の共有を図り、またそれぞれの持ち味の活かし方（相補性）を話し合いながら進めていく必要がある。

（2）個人臨床とともにグループ臨床も教育

　心理臨床家をめざす人は、個人臨床についてはほぼ全員が学習するが、グループ臨床については必ずしもそうではない。しかし今の時代の心理臨床家は、個人臨床だけしかやらずグループ臨床はやらない、というわけにはいかない。多様な活動をしていくうえでは、グループ臨床を行うことが必要でかつ有効となる。

　私は個人臨床とグループ臨床は車の両輪のようなもので、両方とも学習するのが大事であると考えている。それゆえ両方とも同じように教育するようにしている。

（3）実践（実戦）をとおしての「基本」と「即応性」の教育

　心理臨床家になるには、基本と即応性の両方を学ぶことが必要である。しかもそれらは実践（実戦）をとおして学ぶことが効果的であると考えている。

　このため学部生には、心理臨床類似体験となるようなボランティア活動（障害児の集団療育活動、不登校児のたまり場での活動など）を積極的に勧めている。また、不登校の子どもの家に定期的に行く訪問活動（メンタルフレンド活動）も勧めている。大学院では、修士一年はメンタルフレンド活動、（大学院のフォーマルな実習とは別の）長期病院研修、修士二年は学校巡回カウンセラー、

修士修了後はスクールカウンセラーを勧めている。

おわりに

　以上のようなかたちで私は若手の心理臨床家を育てることに努めているが、最後に、指導者側のことについても述べておきたい。

　若手の心理臨床家を育てるには、指導者自身、心理臨床活動を継続しながら「勘」が鈍らないようにしておくことが大切であると考えている。そのために私は、個人臨床としては、高校のスクールカウンセラー、大学の学生相談室カウンセラー、精神科クリニックの臨床心理士、精神科病院の臨床心理士として日常的に臨床活動を行っている。グループ臨床としては、大学生・看護学生・電話相談関係者などのエンカウンター・グループ、精神科デイケアにおける統合失調症者のための集団精神療法を行っている。

　私の好きなロジャーズは、「靴をはいたまま死にたい」（生涯、現役でいたい）と語っていて実際にそうしたが、私も心理臨床家・心理臨床指導者として、生涯、現役でいきたいと願っている。

第 1 章

グループ臨床家になるということ

第1節

被養成体験をもとに

野島 一彦

はじめに

　わが国における集中的グループ経験の実践は、1950年代後半より今日に至るまで盛んに行なわれてきている。しかし、そのわりにはファシリテーター（トレーナー、世話人など）の適性、条件・資格、養成方法などの問題は、これまであまり明確にされていないように思われる。これは、「カウンセラーの資格や養成についてもあいまいな状況にある現在、ファシリテーターの具えるべき条件を明確化することは困難である」〔杉渓, 1981〕という事情のせいでもあろう。

　けれども、もうそろそろこのような問題を明確にしなければならない（あるいは明確にできる）時期が来たのではなかろうか。というのは第一に、日本での長年にわたるわれわれのグループ体験の積み重ねは、それを可能にできる状態にあるように思われるからである。第二に、グループによる心理的損傷の問題を考えると、どうしてもそれらを明確にする必要性に迫られるからである。第三に、この頃は自我が非常に弱い人、あるいは自我障害が重い人が次第にグループに参加するようになっており、これに対処するにはやはりそれらを明確にすることをしなければならないからである。

　このような状況のなかで本稿では、今後ファシリテーターの養成をめぐる諸問題が活発に論議され、明確にされるようになるきっかけとなることを願って、まず私自身の被養成体験を述べ、次に福岡人間関係研究会における養成の実際を述べ、さらに将来に向けてファシリテーター養成のための提言を述べたい。

私の被養成体験

　私の被養成体験といっても、筆者は定型化されたシステマティックな被養成体験を持っているわけではない。というのは、これまでエンカウンター・グループではそれほどきちんとした明確な養成システムがなかったためである。筆者としては、自分なりに次のようなことをしながら、よりよきファシリテーターとなれるよう努力してきている。

(1) グループ体験の積み重ね
　グループ体験の積み重ね自体が、自分を磨くことになり、よりよいファシリテーターになることにつながっているように思われる。というのは、グループ体験の一回一回が、自分について、人間について、人間関係について新たな発見をしたり、考えさせられたりする機会となるからである。

(2) グループ体験の検討
　グループ体験を改めて客観化して数人あるいは数十人で検討することは、自分が見落としていたことに気づいたり、別の視点からの捉え方を知ったり、励まされて勇気づけられたりするよい機会となる。筆者は、自分自身のグループ体験、他者のグループ体験を、① 学会（日本心理臨床学会、日本心理学会など）、② グループ臨床カンファレンス（後で詳述）、③ グループ臨床研究会（後で詳述）、④ 臨床リサーチ研究会（村山正治先生を中心としての九州大学教育学部での研究会。毎週木曜日の夜開催）などで詳細に討論し検討するということをかなり多くやってきている。

(3) 他のファシリテーターのグループ体験の学習
　他のファシリテーターがどのようなグループ体験をしているのかを知り、自分のグループ体験と比較することは、自分の基本的姿勢、行動などを問い直したり、自分に欠けているものを取り入れたりするよい機会である。筆者は、① 文献〔例えばRogers, 1970、山口・穂積, 1976、畠瀬, 1977、大須賀発蔵・大須賀克己, 1977、都留, 1977、安部, 1979、岩村, 1981、山口, 1982、宮崎, 1983、保坂, 1983、安部, 1984、下田, 1984、など〕、② ビデオやフィルム（「出会いへの道——あるエンカウンター・グループの記録」〔日本・精神技術研究所〕など）、③ 話を聞く（福岡人間関係研究会の沢山のファシリ

テーターなどから）などを通して、他のファシリテーターのグループ体験を学習している。

（4）グループ体験を論文に書くこと

自分のグループ体験を記憶と諸資料をもとに意識化し、記述し、考察を行ないながら論文に書くという作業は、ある意味でセルフ・スーパーヴィジョンにもなり、いろいろなことに気づかされたり、考えさせられたりするよい機会となる。筆者はこれまでに多くの論文を書いてきたが、特に自分にとって有益であったと思われるのは、一つのワークショップのプロセスを、① ファシリテーター〔野島, 1980〕、② グループ全体〔野島, 1981b〕、③ High Learner〔野島, 1981a〕、④ Low Learner〔野島, 1981c〕、⑤ 全メンバーの感想〔野島, 1982c〕、の五つの観点から書いたことであった。また、グループ・プロセスにおける諸問題をまとめたこと〔野島, 1982a〕も、有益であった。

福岡人間関係研究会における
ファシリテーター養成

筆者は、主として福岡人間関係研究会〔その概要は村山, 1982を参照〕においてファシリテーターとして育てられてきたし、九州大学においてファシリテーター養成を実践するまではここを中心にファシリテーター養成に携わってきた。

それで以下、福岡人間関係研究会における養成について述べたい。なお、そのあらましについては村山〔1977〕が既に述べているが、本稿ではそれらを踏まえて、その後の新しい動向などを入れながら新しく述べることにしよう。

（1）基本的考え

われわれのファシリテーター養成の実際を述べるにあたり、先ず、最初に基本的考えを述べておこう。これについて村山〔1977〕は次のように述べている。「われわれがこれまでファシリテーターを起用する際の基本的考えは、ロジャーズたちがおこなっているラホイヤ・プログラムの精神に基づいている。その核心は、『このプログラムに浸透しているのは、人間中心のグループリーダーシップという哲学である。これはファシリテーターがグループのなかで、熟練者としてではなく、ひとりの人間として参加するとき、メンバーとファシ

リテーター双方に最大限の成長があることを強調する見解である』とするところにある。

(2) ファシリテーターの必要条件
　ファシリテーターの必要条件について、今のところわれわれは原則的に次のように考えている。
　a【数回のメンバー体験】　先ず最初の条件として、ファシリテーターになるためには、とにかくその人自身がわれわれの主催するエンカウンター・グループ・ワークショップに数回はメンバーとして参加することが必要である。
　b【人間関係能力】　次には、人間関係能力（① 人間の心理的成長への関心・信頼、② 自己・他者・人間関係についての感受性、③ 言語的・非言語的な表現力、④ 他者援助能力、など）がある程度以上あることが求められる。このような能力についての判断は、その人と共にグループ体験をしたファシリテーター、スタッフによってなされる。そして、ある程度以上の能力があると判断された人は、推薦されることになる。
　c【学歴・論文・単位などは問わない】　その人の学歴がどうであるか、論文を書いているかどうか、特定の科目（例えば臨床心理学、カウンセリング理論、パーソナリティ理論など）についての単位を取得しているかどうか等は問わない。

(3) 養成のための実践活動
　われわれが1970年以後これまでに実際に行なってきたファシリテーター養成のための実践活動には、次のようなものがある。
　a【コ・ファシリテーター方式】　われわれが主催するエンカウンター・グループ・ワークショップに数回メンバーとして参加し、ファシリテーター、スタッフから推薦された人が初めてファシリテーターをやる時は、ベテランのファシリテーターとコンビを組むようにしている。このようにすることのメリットは、① 初めてファシリテーターを行なう場合の新人のファシリテーターの過度の不安や緊張を和らげることができる、② 新人のファシリテーターは、ベテランのファシリテーターのグループにおける言動を直接に学ぶことができる、ということである。なお、コ・ファシリテーター方式では組み合わせが非常に大切であるが、われわれはワークショップ開始前日にスタッフ・ミーティングを開き、お互いに話し合う過程で、ファシリテーターの組み合わせを決めている。
　b【スタッフ・ミーティング】　われわれはワークショップの前・期間中・後にス

タッフ・ミーティングを行なう。このミーティングは、オーガナイザー、ファシリテーター、事務局が参加し、いろいろなことが話し合われる。

　ファシリテーターにとっては、このミーティングは必要でありかつ有益である。というのは、ワークショップ前のミーティングは、村山〔1979〕が指摘するように、① ファシリテーター相互の交流をはかり、コ・ファシリテーターとしての心の準備をする、② ファシリテーター自身、ワークショップに集中できるように心の準備を整えるために必要である。またワークショップ期間中のミーティングでは、ファシリテーターは進行中のグループについて報告や相談、ドロップアウトや心理的損傷の恐れがある人をどうするか検討を行ない、それをめぐってみんなで話し合うが、これは、ファシリテーターの在り方を反省すること、グループについての認識を深めること、ファシリテーターが心理的に安定することなどにつながる。それからワークショップ後のミーティングでは、全体の反省をしたり、ワークショップ中の不完全燃焼の問題の解決を図ったり、アフターケアについて話し合ったりするが、これはファシリテーターにとっては改めてグループ経験を見直すことになる。

　c 【相互啓発方式】　相互啓発方式というのは、ファシリテーターなしのメンバー（主にファシリテーター体験者、ファシリテーター志願者）のみによるグループである。この方式では、予め定められたファシリテーターが存在しないため、各メンバーがそれぞれにファシリテーター機能を果たすことが期待される。この方式による実際の詳細は、村山・野島〔1979〕が紹介しているが、そのファシリテーター養成に果たす意義については安部〔1982〕が次のように述べている。「相互啓発方式は、ファシリテーターの養成として、グループの中で顕著になってくる『依存』『甘え』を積極的に体験する場を提供するように思われる。またベテランのファシリテーターには『役割』がもつ『自由さ』と『不自由さ』を経験する場となるようである。

　d 【養成のためのプログラム】　このプログラムの大きな特徴は次の二つである。① 二名のオブザーバーがグループを観察する。②「体験セッション」（参加者が普通のエンカウンター・グループを体験する）と「知的セッション（フィードバック・セッション）」（グループのなかでのメンバー、ファシリテーターの動きなどについてメンバー、ファシリテーター、オブザーバー全員で話し合う）の二つで構成される。このプログラムでは「知的セッション（フィードバック・セッション）」がポイントである。というのは、そこでそれまでのグループ体験を話し合うなかで、ファシリテーターの行動がグループなりメンバーに実際どのよう

な影響を及ぼしたかが明確になり、ファシリテーションについて学習を深めることができるからである。

われわれはこのプログラムを1974年と1980年の二回試みたが、前者についての一部は村山・野島〔1975〕、野島〔1975〕が報告している。

e 【Peer-Facilitatior Training】　セルフ・ヘルプ・グループ（自発的に結成された相互援助と特定の目的の達成をねらったグループ）のためのPeer-Facilitator（セルフ・ヘルプ・グループなどにおける、仲間相互のファシリテーターという意味であり、一応職業的なファシリテーターとは区別される）養成のためのエンカウンター・グループについては、高松〔1983〕が詳しく報告している。その特徴は、① 参加者全員が、一セッションずつ交代でファシリテーターの役割を体験する、② 一泊二日の合宿において、一つのセッション毎に、1.5～2時間のグループ体験を行なうとともに0.5～1時間のフィードバックの時間をとる、という点にある。

一セッションずつ実際にファシリテーターをやり、しかもメンバーからフィードバックを受けるという体験は、参加者にとってはいろいろ感じたり考えたりすることになり、ファシリテーションを学ぶのに有効である。

f 【外部のファシリテーターの招聘】　われわれは、福岡人間関係研究会の内部の者だけでのグループ体験の組み重ねのみでは、成長に限界があるし、なれあいになったりマンネリ化したりすることにもなると考えて、時々積極的に外部からのファシリテーターを招聘してグループ体験をするようにしている。これまでに例えば足立明久、畠瀬稔、木村易、増田實、新田泰生などのファシリテーターを招いている。

外部のファシリテーターと触れ合うことは、われわれにとっては新鮮な刺激となり、それまでと違った自己なりメンバーなりグループについての見方ができるようになったり、別のファシリテーションを学ぶことになっている。

g 【グループ臨床カンファレンス】　グループ臨床カンファレンスでは、ファシリテーターが認知的にグループ体験を消化することに重点が置かれている。その特徴は、① ファシリテーターを体験したグループ事例をもちより、検討する（その際、討論を活発にするためコメンターを設定する）、② グループにおけるリサーチの結果を発表し、リサーチ・データと臨床経験との対応を検討する、③ 福岡人間関係研究会の外部のコメンターを招聘する」という点にある。このカンファレンスは、1980年3月19～21日〔はかた会館〕の第一回以来、だいたい年に一回（2～3日間のスケジュールで）開催されている。その詳細は、安部〔1980〕、

阿部〔1981〕、野島〔1982 b /1984〕が報告している。

h【グループ臨床研究会】 グループ臨床研究会では、エンカウンター・グループ、Tグループ、グループ・セラピーなどの「グループ臨床」に携わるファシリテーター、トレーナー、セラピストなどが、相互啓発しあうことを目的として、月に一回（三時間）会合を持ち、グループ事例の検討を行なっている。その特徴は、エンカウンター・グループのみに対象を設定せずに、いろいろな「グループ臨床」を相互に勉強しあいながら、自分のグループ臨床家としての腕を磨いていこうとするところにある。

ファシリテーター養成のための提言

今後に向けて、ファシリテーター（トレーナー、世話人など）養成のための提言を行ないたい。

(1) 各立場のファシリテーター相互の実践上の交流

今日わが国でグループを積極的に行なっている人や研究会にはさまざまの立場がある。例えば、ＮＴＬ（National Training Laboratories）の流れを組む立場、Esalen Institute の流れを組む立場、La Jolla Program の流れを組む立場などである。そしてそれらの立場のなかで、独自のファシリテーター養成が行なわれている。筆者は、基本的には各立場がそれぞれに自分たちでファシリテーター養成を行なうことが大切であると考える。しかし、その養成をより豊かなものにするには、時には自分たちの研究会に他の立場のファシリテーターを特別に招聘してグループ体験を行なったり、他の立場のワークショップにメンバーとして積極的に参加することなどが有益であるように思われる。現実的にはこのような実践上の交流は既に少しずつ行なわれてはいるが、もっと盛んに行なわれるようになることが望まれる。

(2) ファシリテーター養成をめぐる情報の交換

これまでのところ、ファシリテーターの適性、条件・資格、養成方法などについて、各立場のあいだで情報交換はあまり活発にはなされていないように思われる。著書、論文、話を聞くこと等を通して、ある程度は部分的にそれらに

ついて知ることはできるのであるが、今後はもっと積極的にきちんとした情報交換を行なうことが望まれる。というのは、他の立場のファシリテーター養成の様子を知ることは、自分の立場のファシリテーター養成にとってはよい刺激になったり、参考になったりするであろうと考えられるからである。

　ところで、このような情報交換のためには、できれば情報センター的な拠点があれば便利である。その一つの候補として1974年に日本心理学会において結成された「グループ・アプローチ研究連絡協議会」を発展的に吸収して成立した「日本人間性心理学会」のなかに、「グループ・アプローチ部会」を作ろうという動きがあるが、このようなところがよいかもしれない。

（3）各立場が一緒になっての合同カンファレンス

　いろいろな立場の人が一堂に会し、それぞれのグループ実践を報告し、討論を行なうことは、グループとファシリテーターについての認識を深めるうえで非常に有意義であるように思われる。これに近いことは、例えば日本心理臨床学会での研究発表でもある程度はできているが、学会となると多少フォーマルになるし、やや防御的にもなりやすい。だから、学会とは別に、① 学会とは別の時期、② 学会の前後、③ 学会開催中の適当な時間などに、できることなら合宿をして、各立場が一緒になっての合同カンファレンスを開催する方がよいであろうと考えられる。

（4）各種養成用教材の整備充実

　わが国ではファシリテーター養成のための教材というのは、これまでほとんど作成されていないのではないかと思われる。これまでもグループ実践のテープ録音、ビデオ録画、逐語録づくり、事例報告などは行なわれているが、それらを養成用の教材という観点から編集することは全然といっていいくらいなされていないようである。今後はそれらをうまく編集し、教材を作成し、利用できるようにすることが必要であろう。何をどのような目的で、どのように編集するかはなかなか難しいが、カウンセリングでは結構いろいろな教材が作成されているので、それらも参考にしながらやっていけば、できるであろう。

（5）ファシリテーターは個人カウンセリングもできることが必要

　ファシリテーターは個人カウンセリングもできることが必要であるように思われる。このことについては国分〔1981〕も、「（ファシリテーターの）第二の条

件として、ファシリテーターがカウンセリングの基礎知識（理論と技法）をもっていることを挙げたい。グループ活動中、落ち込んだり、腹を立てて帰るといい出すメンバーが出た場合の適切な対応は、やはりカウンセリングの素養がないとできないからである」と述べている。このようなこととともに、特に最近は心理的損傷の問題、自我障害の重い人々のグループ参加の問題などがクローズアップされてきているだけに、その対処（予防・治療）のためになおさら個人カウンセリングができることが必要である。

第 2 節

ファシリテーターを養成する立場から

野島 一彦

は じ め に

　臨床の訓練の場では、提供する立場の意図が、訓練を受ける者の感じる効果は異なる場合もある。時に提供する側が意図しないところでの学びがあり、結果的にそれがより臨床家としての成長につながることもある。そこで、ここでは〈提供する立場〉と訓練を〈受ける立場〉という双方の立場から、ファシリテーター養成について考えてみたい。まず、筆者が大学の心理臨床のコースにおける指導教官として訓練を〈提供する立場〉から論じる。続く第3節では、筆者の研究室に所属していた本山智敬氏に訓練を〈受ける立場〉から、臨床における訓練について論じてもらうこととする。

臨床家の訓練・養成についての基本的考え方

　第一に、心理臨床家の訓練・養成にあたっての筆者の基本的考えとしては、① 実践、理論、研究の3つのバランス、② 学習、研究発表、臨床活動の3つのバランス、③ 4種類の学習（認知的学習、体験学習、実習、スーパーヴィジョン）、の必要性を強調している。
　第二に、とりわけグループ臨床家をめざす人には、「二刀流」——① 治療グループと訓練あるいは成長グループ、② リーダーあるいはファシリテーター体験とメンバー体験、③ 集団精神療法と個人精神療法——をすすめている。
　第三に、さらにエンカウンター・グループのファシリテーターをめざす人には、① 文献による学習（単行本、概念化の論文、一つの事例の多角的検討）、② 観察による学習（ライブ・グループの観察、ビデオ・テープやフィルムを観ること、

録音テープを聴くこと、逐語録を読むこと）、③ シミュレーションによる学習、④ グループ体験による学習（メンバー体験、訓練グループの体験、コ・ファシリテーター体験）、⑤ スーパーヴィジョンによる学習、⑥ 事例検討による学習、の六種類の学習が偏りなく行われることを望んでいる。そしてこれらをとおして、① 原体験としてのメンバー体験・成長体験、② 自分の体験を概念化する作業、③ Key Person、Key Group との出会いをしてほしいと願う。

　なお、これは言わずもがなかもしれないが、筆者が臨床家をめざす人の訓練・養成に熱心に携わる基本的モチベーションは、「キャンディデイトが相手に益をなし、害をなさないように実力をつけてほしい」という気持である。

スーパーヴィジョンにおける基本的姿勢

　筆者がスーパーヴァイザーとして基本的に心がけていることは、次のようなことである。

　第一にキャンディデイトのやる気を育てるということである。キャンディデイトが混乱したり自信をなくしたり疲れたり傷ついたりしている状態にエネルギーを充電して、やる気をもってもらうことである。

　第二に、メンバーのなかには、非常に難しい人が入っていて、その本人、他のメンバー、ファシリテーターが危険な状態に陥ることがあるが、そのような時にそれを指摘するとともに、対応を話し合い、安全を守れるように努める。

　第三に、サポーティブな態度を維持するということである。スーパーヴィジョンでは安心感・信頼感が大事なので、キャンディデイトがスーパーヴァイザーからの批判や非難をされたとか馬鹿にされたとか思ったりすることがないように気をつけ、一貫して相手を尊重し、暖かなサポーティブな態度をとり続ける。

　第四に、メンバーやグループについての理解を深め広げるということである。メンバーやグループについてのキャンディデイトの理解をできるだけ意識化・言語化してもらったうえで、それら以外にも、いろいろな理解の仕方があることを、スーパーヴァイザーのコメントをとおして知ってもらう。

　第五に、その人の持ち味を生かすということである。メンバーやグループへの介入技法・関わり方を問題にする時、キャンディデイトの現在の持ち味

（パーソナリティ）との関連で、その人が無理をせずにやれるようなやり方、その人の持ち味がうまく生きてくるようなやり方は何かということにかなり気を配る。

　第六に、キャンディデイトのパーソナリティの問題には深入りしないということである。メンバーやグループについての理解や介入技法・関わり方をめぐって話しあっていくうちに、キャンディデイトのパーソナリティ自体が大きな問題になってくることがあるけれども、それには深入りをしない。そのような問題は、教育分析のような場で扱う方がよいと考える。

表1　スーパーヴァイザーの6つの基本姿勢

1	キャンディデイトのやる気を育てる
2	グループが危険な状態に陥る可能性についての指摘と対応の検討
3	サポーティブな態度を維持する
4	メンバーやグループについての理解を深め広げる
5	その人の持ち味を生かす
6	キャンディデイトのパーソナリティの問題には深入りしない

指導者とキャンディデイトの考え方の相違

　これまでに、指導者である筆者とキャンディデイトである本山君との考え方の相違が顕著に表れたことが、二回あった。

　一回目は、指導者がキャンディデイトに某大学での学生相談の個人臨床の機会を与えようとした時である。彼は「自信がない」ということで、辞退の気持ちを表明した。指導者としては、「君ならやれると思うので私はすすめているのだから、是非やってほしい」とかなり強く働きかけたが、結局は固辞されてしまった。その後、彼は学生相談の機会にはしばらく恵まれていなかった。

　二回目は、指導者がキャンディデイトにあるエンカウンター・グループのファシリテーターを初めてメインでやる機会を与えようとした時である。彼は「自分がメインでやるのは自信がないのでA君と一緒にやりたい」と申し出た。彼は、A君がメインのファシリテーターをつとめたエンカウンター・グループのお手伝いを数回したことがあるとのことであった。これに対し指導者は何度も粘り強く話し合い、「君のファシリテーターとしての自立のためには一度は

メインでやる必要があるし、君にはやれると私は考えている」と伝え、最終的には彼はしぶしぶメインを引き受けることになった。そして、エンカウンター・グループはうまくいった。その後、彼はメインでファシリテーターをやる機会を持っている。

このような指導者とキャンディデイトの考え方の相違には、指導者によるキャンディデイトの能力の判断と、キャンディデイト自身による自分の能力の判断にズレがある場合に生じるように思われる。そのような時にどうしたらよいか難しいが、現在の筆者は、極力指導者の考えをとおして丁寧にサポートしていく方がよいのではと考えている。

おわりに

おわりにあたり、キャンディデイトによりよい訓練を提供するには指導者側のたゆまぬ努力が大事だと考えるので、グループ臨床の指導者側の留意点・課題をいくつか述べておきたい。① 指導者自身も、グループ臨床（実践）そのものを継続すること。② 指導者は、時々事例検討会で自分のグループ臨床（実践）を発表すること。③ 指導者同士の相互研修の場（グループ）に参加すること。④ 指導者達は、訓練のあり方について一定の共通理解・認識を形成すること。⑤ 指導者達は、システマティックなキャンディデイトの教育・訓練のシステムづくりをすること。⑥ 指導者達は、システマティックなスーパーヴァイザーの教育・訓練のシステムづくりをすること。

第3節

ファシリテーター
養成を受ける立場から

本山 智敬

はじめに

　臨床のセンスを研鑽していく際に訓練が必要不可欠なものであることは誰もが疑わないことであるが、その方法や内容に関してどのような訓練のあり方が望ましいかというと、なかなか答えが出にくいものである。その理由の一つには、臨床のセンスというものは無から作り出していくというよりも、もともとその臨床家が持っている持ち味をいかに引き出し、臨床的に有意味なものへとどう洗練させていくかということが重要であり、そのような課題を臨床の訓練は負っているからであろう。また、個人臨床と比較してグループ臨床に関する訓練のあり方をめぐっては、まだまだ未開拓な面が多いように思う。

　私は大学院の五年間、グループ臨床の訓練を野島一彦教授〔以下、スーパーヴァイザー〕のもとで受けてきた。私が受けた訓練の中心はエンカウンター・グループ〔以下、エンカウンター・グループ〕のファシリテーター訓練であり、スーパーヴァイザーの訓練に対する考え方に則った指導を受けてきた。私がそのなかで感じたことを、訓練内容と共に述べていきたい。

訓練の内容

　まずグループ実践にたずさわる前の訓練は、知的学習としてエンカウンター・グループについての講義とビデオ鑑賞〔Jouney into Self——日本版　畠瀬稔監修・平木典子訳『出会いへの道——あるエンカウンター・グループの記録』〕、体験学習として学内の授業でのメンバー体験（二回）と学外でのそれ（三回）である。学内のメンバー

体験はエンカウンター・グループの基本的な実施方法を体験的に学ぶ機会として貴重な場であったし、さらに学外のメンバー体験によって初期の頃からエンカウンター・グループに対する考え方の幅を広げることができた。

　グループ実践にたずさわってからは、スーパーヴィジョンを二つの方法で受けた。一つはカンファレンスでの事例検討。もう一つは、実際のグループ中に行われるライブ・スーパーヴィジョンである。このライブ・スーパーヴィジョンにも三つの方法があり、それぞれ、① セッション後のスタッフ・ミーティングの場で指導を受ける方法、② 複数のグループが同時進行で実施される際にスーパーヴァイザーも一つのグループを担当し、スタッフ・ミーティングで私のグループへの指導以外にスーパーヴァイザーのグループのプロセスやファシリテーションを聞く方法、③ スーパーヴァイザーがファシリテーターを担当するグループにコ・ファシリテーターとして参加し、グループの動きに即して指導を受ける方法である。こうしたさまざまなスーパーヴィジョンを、毎年複数回経験してきた。

ライブ・スーパーヴィジョンについて

　このライブ・スーパーヴィジョンの最大のメリットは、スーパーヴァイザーとその場で共に考えていくことが出来る点である。あるグループで、私は複数のメンバーからこのグループの意味がわからないと指摘を受け、苦慮していた。そのことをスーパーヴァイザーに伝え、私がグループの意味を説明することはグループの可能性を限定してしまう恐れがあると述べた。するとスーパーヴァイザーは、私のこうした気持ちをそのままメンバーに伝えてみてはどうかと言った。その発想は当時の私にとっては新鮮であり、次のセッションで私がそのようにとった行動は、ファシリテーターとメンバーの信頼関係をより近づけるきっかけとなった。

　ここで重要なのは、ライブ・スーパーヴィジョンでは、スーパーヴァイザーとキャンディデイトがグループ・プロセスを共に歩む点である。一般的なスーパーヴィジョンではグループ・プロセスをリアルに扱うことが難しい。そのグループがどのようなプロセスを辿り、ファシリテーターがそこでどう考え、どのように振舞ったのか。それらをタイムリーに検討できることは、キャンディ

デイトにとって得るものが非常に大きい。

　また、スーパーヴァイザー自身のファシリテーションを間近に見る場合には、スーパーヴァイザーのグループ観に直に触れることが出来る。スーパーヴァイザーがグループ中にどのようなことを考え、迷い、行動するのか。その一つ一つを生で見る体験は、ちょうど陶芸家の弟子が師匠の作品づくりを盗み見るのに似て、言葉では言い表せない多くのものを学ぶ機会となった。

おわりに

　ロジャーズの中核三条件になぞらえて、自分は自己一致型のファシリテーターだとか、共感的理解型だといったことを先輩と話すときがある。もちろんファシリテーターとしては三条件のいずれにおいてもある程度のレベルには達しておく必要がある。しかし、自分がどういったタイプのファシリテーターであるのか、グループのなかで自分はメンバーにどのような影響の与え方をしているのか、そうした特徴は人によってそれぞれ異なってくるだろう。訓練のプロセスとはまさに、自分の持ち味に気づき、それをより臨床的に生かしていくための研鑽のくり返しである。私にとっては先の訓練がそのような場になってきたといえる。

> ### Key word：ライブ・スーパーヴィジョン
>
> 　グループのセッションの合間に行われるスーパーヴィジョンのことで、グループ・プロセスと並行して行われるためライブ・スーパーヴィジョンと呼ばれている。同じ企画でいくつかのグループが同時進行する場合、数名のファシリテーターが各グループについて話していくグループ・スーパーヴィジョンの形式となることも多い。数日間の集中的なグループの場合はメンバーの休憩時間（30分〜1時間程度）にスタッフの部屋等で行われ、継続型の場合は次のセッションまでの期間に、時間と場所を別に確保して行われる。グループ経験が豊富なスーパーヴァイザーのもと、ファシリテーターの迷い、セッションの流れや気になるメンバーについての理解、ファシリテーター同士の役割分担などが話題となる。概ねファシリテーターがグループを客観視し、気になることを整理する時間となるが、セッションを独占するメンバー、時間枠の延長、スケープゴート現象などの即時対応が話し合われることも少なくない。

第 4 節

フォローアップ・インタビュー

インタビューで本章をふりかえります。〔話し手：野島一彦／聞き手：髙橋紀子〕

ロジャーズさんの治療論は漢方薬のようなもの

野島　ロジャーズさんの治療論はね、僕は漢方薬と思ってるんです。漢方薬というのは生薬。ロジャーズさんの言っていることは我々の日常生活で誰もがやってることです。自己一致だって、共感的理解だって、それから無条件の肯定的関心だって、そう。良い人間関係では訓練受けなくたって、だいたい人間の知恵としてやれていることなんです。だからその辺にころがっている材料をロジャーズさんは集めてきて、純粋化して三つのワードで……という感じなんです。
　これに対して精神分析で人間を理解するのに、転移とか逆転移とかエスとかエゴとかスーパーエゴとかを言うのは、僕の言い方では、外科みたいな、化学薬品みたいなものだと思う。

——　漢方医と PCA としての心理士がしていることは、似ている部分もある……。

野島　似ていると思いますね。要するに漢方医の場合はよく言われますように、病気そのものを治すというよりかは、病気に耐えるトレランスとか免疫とか、あるいは体質を強めるという感じで、ダイレクトに症状攻撃をするというよりかは、本人の成長とかその辺をこう高めることで結果的に症状が良くなるという感じだと思うんですよ。これに対して精神分析なんか外科手術みたいなもんで、じゃあこれ切りましょうと切ったり貼ったりする感じがしますね。

PCA の訓練
——「誰でもできそうなこと」と「きちんとできること」の違い——

——　それでいくと例えば、ヤブ医者になりやすいのは自然の漢方医の気がするんですが……。例えばヨモギでも何でも塗ったり飲んだりして、その効果はさておき時間と共に自然と治ることはあっても、外科医が変なとこ切ったらすぐわかります。PCA が漢方医的だとして、ヤブにならないでちゃんと自然の薬を使うためには、どういう訓練が必要なんでしょう？

野　島　難しいところだと思います。外科手術みたいなものだったら、日常では学べないので、特別にトレーニングを受けないと身につかない。でもこちらは漢方薬みたいだから、ちょっと気の効いたことであれば誰でもできそうだし……。

　でも、とりあえず出来ることと、きちんと出来ることの違いがあります。PCA のなかでは一般的に訓練システムがないとも言えるし、弱いとも言えますね。精神分析では必ず、教育分析を受けるとか、統制分析ということで、自分のやっている分析をスーパーヴァイザーに見てもらいながらやるとか、それから何十時間やるとかもあります。でも PCA はそのあたりが弱い。ある意味で、漢方薬みたいなものって、誰もがやれるから。

　この「誰でもがやれる」ということと、「きちんとやれる」ということはどう違うのかというと、小学生、中学生だって野球ができるんですよ。で、イチローだって野球ができるんですよ。野球は同じルールで同じ野球なんですよ。ただ、クオリティが違う。イチローはそれなりに鍛えてるでしょう。PCA では、小学校レベルの人も自称 PCA と呼ぶし、イチロー級の人も「私は PCA です」って言う……。

―― そうですね。

野　島　「訓練」が PCA の泣き所ですよね、特殊技術じゃないだけに。野球みたいなもんだからねえ。小学生の野球だって、全員が野球スクールに行って学ばなくたって、近くの人と野球やってるうちに学ぶようなもんです。だから PCA だって、わざわざ特別のスクールに行かなくたって、なんとなく本読んだりしていると、ある程度やれていく……。

―― 野球の場合、お客さんの立場からすると、イチローを見に来たつもりが小学生の野球じゃ腹が立つ。でも「野球が見たいって言ったじゃないですか」って言われると、野球に違いはないですから。看板の出し方も難しいですね。

野　島　どうやってトレーニングするんだろう。イチローをあれだけのものにしたのは何だろうね。僕は本人の自己努力が大きいような気がする。外側からトレーナーがついて訓練したからというより、イチローがあれだけになったのは、やっぱり野球が好きだったんでしょう。だからたぶんイチローはうまくなりたいと思って、素振りを何万回やったりして、努力したんでしょう。だからカウンセリングも、臨床が好きだ！というのが必要十分条件のひとつで、良い PCA セラピストになりたいと思ったら、やっぱり自分でやるかな。

―― 決められたプログラムをすれば良い PCA セラピストになるというのも、それはそれで怪しい感じがしますしね。

野　島　そう思いますね。ただ PCA にはある意味で、あまりにもプログラムなさす

ぎるところが問題かもねえ。だから仮にグループ経験 10 回とかカウンセリング経験何回という枠をつくっても、僕は良いと思うんですよ。

　これが最低の枠であって、それをやればできるんじゃなくて、それくらいはやらないとできないという……。そう考えると、大学院教育、臨床心理士の養成はすべてそうだと思いますよ。大学院の教育をすべて受けた、出た瞬間に立派な臨床心理士ですとは、それはもう誰も言えないわけだし。

―― 大学院での学びというのは、あくまで最低限のものなんですね。

第 2 章

ファシリテーションを学ぶシステム

第 1 節

グループプロセスをみる際の基本的視点

野島 一彦

五つの基本的視点

　エンカウンター・グループの実践と研究における「五つの基本的視点」について、ここでは説明したいと思う。

　私はいつも実践と研究をやるとき、まずグループ構成、つまりエンカウンター・グループをどういうデザインで構成するかということを念頭に置く。グループ構成というのは、演劇でたとえると舞台づくりである。どういう舞台にするか、照明はどうするか、広さはどうするか、何を背景に置くかという舞台づくり、すなわちグループ構成があって、そしてその上で、「三種類のプロセス」があると考えている。

　一つは「グループ・プロセス」。グループ全体がどのように流れていくか、ひとつのグループ全体の歴史が刻まれていくということを私たちはグループ・プロセスと呼んでいる。

　そして二つ目は「個人過程」「個人プロセス」。グループのなかで一人ひとりの個人はどのような経過を通っていくのかということが、個人プロセスである。

　三つ目は「ファシリテーションプロセス」。これはファシリテータープロセスと呼んでもいいかもしれない。

　エンカウンター・グループはグループ構成という舞台の上で、三種類のグループ・プロセスと個人プロセスとファシリテータープロセスと三つが混ざり合って進んでいくというイメージで捉えている。

　そして、「アウトカム」。グループ構成という舞台の上で、20時間なら20時間のエンカウンター・グループのドラマが始まって終わるわけである。そうすると、始まる前から終わった後にかけて、一定のインパクトがあったり、変化があったりする。それをアウトカムと呼んでいる。

　舞台としてのグループ構成と、それからドラマの展開としてのグループ・プ

ロセス・個人プロセス・ファシリテータープロセスの三つがある、そして、舞台が始まる前と終わった後の間に起こる変化をアウトカムと呼ぶという形で、この五つの視点でエンカウンター・グループを理解しようとしている。

表2 エンカウンター・グループの実践と研究における5つの基本的視点

1．グループ構成
2．グループ・プロセス
3．個人過程・個人プロセス
4．ファシリテーション・プロセス
5．アウトカム

グループ構成

　グループ構成については「エンカウンター・グループ構成論」〔野島，1982b〕で詳しく論じている。そのポイントをまとめよう。

(1) 目　的
　エンカウンター・グループの構成のなかでとりわけ重要な要素のひとつは、「目的」である。エンカウンター・グループの目的をどう設定するかという目的設定は、グループ・プロセスに影響を与える。たとえば一般の人を募集して行なわれるジェネラルのグループの目的と、看護学校なりが看護教育の一環として行なう文脈のなかでのエンカウンター・グループの目的と、あるいは教員研修の一環として行なわれるエンカウンター・グループの目的というのは、やはり微妙に多少違うように思う。だから、グループをやるという場合、何を目的としてやるのかという目的設定をクリアにしなければならない。
　外に設定した目的は、たとえば自己理解とか他者理解とかというかたちで、一応それなりに文章にしたりできるわけである。ただ、こういうのは「一応そのような約束で始まるのだけれども……」という、いわゆる表向きのフォーマルな目的である。表向きはそのように書かれるのだが、実際のところプライベートなパーソナルな目的がグループに参加される方それぞれにあるように思う。Aさん・Bさん・Cさん、自分なりの課題意識を持ってグループに来るわけである。

そうすると、実際のグループでは目的はどのように設定されて動いていくかというと、イメージとしては、グループのなかに五人なら五人の人がいる、ある人はこのようなことでグループを進めたい、ある人はこのようになりたい、ある人はこのようにやりたい、ある人はこのようにやりたいと、パーソナルな個人のグループ参加の目的はだいたいまちまちの方向になっているように見える。そして、ここのところを次第に話し合いながら、グループ全体としての目的は、五人なら五人の合力でもってグループの目的が定められて進んでいくという感じがする。

　このように目的というものは、一応、紙に書ける・文字に書ける・あるいは募集要項に書ける目的と、実際にグループのなかでダイナミックに動く目的がある。ただ後者は、論文になりにくいし、あまり語られていない部分でもある。実際のグループは、こういう形で進むので、この目的をどのようにフォーマルに設定するか、あるいはインフォーマルに目的を理解していくかという目的意識のところが、ひとつの要素かと思う。

（2）スタッフ

　グループ構成として重要な要素の二番目は「スタッフ」である。

　エンカウンター・グループのファシリテーターを一人にするか二人にするか三人にするか四人にするかで、全く意味が違ってくる。それで、おおむねスタッフは二人が良さそうだということが経験則的にはなってきた。一人でももちろんやる。どうして二人が良いかというと、ある意味でこのエンカウンター・グループを含めてグループというのは擬似家族みたいなところがあって、家族というのはだいたいお父さんとお母さんがいて子どもがいてというのが基本的な構成なので、そう意味で、エンカウンター・グループは、お父さんお母さんの二人くらいがどうも座りがいいらしい、ということになった。

　それからスタッフの色合いの問題である。これも、お父さんタイプが二人いるよりは、お父さんタイプとお母さんタイプと違ったタイプがいるのがいいらしいということで、できれば異質性の高い複数を、例えば男性と女性とか、年上の方と若い方とか、そういう組み合わせが良いようである。

（3）グループ編成

　そして「グループ編成」の問題がある。

　これについては、まずは人数の問題がある。ひとつのグループを、例えば

15人で設定するのか、3人で設定するのか。3人以上人が集まるとグループと呼ぶので、極端に言うとファシリテーター1名とメンバー2名でエンカウンター・グループなのだが、そういうのが適正サイズなのか、あるいはファシリテーター2名とメンバー50名が適正なのかという、そういうグループ編成の問題がある。

私のイメージとしては、キリストの「最後の晩餐」のイメージがある。つまり、キリストと12人の弟子が食卓を囲んで最後の晩餐をするという、つまり肉声でお互いコミュニケーションができる、大声を上げなくても。ということで、トータルでキリストと12人の弟子で13名くらいの人数がいいのではないかなという感じがしている。

（4）場面設定

「場面設定」というのは第一に空間の設定ということである。例えばエンカウンター・グループをファシリテーター込み12名くらいでやるとして、この部屋の広さが適切なのか、その二分の一くらいが適切なのか、あるいは三分の一くらいが適切なのか。広い場合は、大広間みたいなところで12人とグループをやると、なんだか閑散としていて侘しくなる。あまり狭い部屋でやるのも居心地が悪いものである。

多くの日本のグループは、和室で車座になって座るエンカウンター・グループが多いのであるが、そういう和室がいいのか、あるいは椅子に座ってやるのがいいのか、というのもある。これも場面設定である。ちなみに日本のグループは、だいたい椅子ではなくて畳が多いようである。しかしたぶん、イギリスとかアメリカのグループは畳ではなく、椅子であろう。これをめぐっては、意味があるように思う。

そういえば、うちは中国の留学生がエンカウンター・グループに参加するが、中国の人は畳に座る習慣がないので非常に辛いと言う。だから、参加する人によって、椅子か畳かという問題がある。

また場面設定で、看護学校でやる場合、リゾート地のホテルを使ってやる時もある。文化的孤島と呼ばれる所である。何も予算がないときは、普通授業が行なわれている部屋に毛布を敷き詰めて座ってやっていることもある。図書室を使ってやったこともある。という形で、どの場所を使うかということは、いい加減でなく、やはり観客も心地よくて、演じる人も心地よいセッティングが必要だと思う。

心理的な場面の受け止め方と、物理的な場面の受け止め方は、密接に関係する。極端に言うと、六畳くらいの部屋で20人も入れば、これは物理的にやはり窮屈だけれども、六畳くらいの所に10人くらいだと物理的には窮屈ではないのだが、メンバーによっては「やけにこの部屋は狭い」とか「天井が低い」とかいろいろ言う。

　これには、物理的という側面もあるが、私自身はそういう発言は、心理的に、つまり、この部屋が窮屈だということはこの部屋の居心地が自分は悪いのだということを表現しているらしいという受け止め方をする。つまり、部屋を変えることはできないから。そういう形で、部屋が狭いということは、物理的に狭いかもしれないし、心理的に狭いという形で居心地の悪さを表現しているかもしれないと思う。そういう形で、狭く感じるのは、もしかしたらグループの居心地がいまいち良くないのかねと言ってみたりする。言わないよりも言ってみると、グループはまた変わる。

　それから、第2に時間設定の問題がある。例えば、私は大まかに経験則的に考えているのだが、8名のメンバーでグループを担当するとなると、最低限8時間欲しいと思う。8名のメンバーがいて、1人1時間くらい、機械的に時間設定すると、8人だと、なんとかやれないことはないなという感じである。けれども、10人のメンバーがいて、6時間でやってくれと言われると、これはもうちょっと無理という感じがする。

　ということで、大まかには、セッションの時間を何時間で設定するかというのは、参加メンバー次第である。参加メンバーが20人もいて、5時間でやってくださいと言われると、それはちょっと難しい。5時間で20人となると、4グループくらいに分けて、そして1グループ5名ずつくらいで5時間でやると、だいたいいけるかと思う。ある電話相談の機関から頼まれて、エンカウンター・グループを12、13人のメンバーに対して、ファシリテーター1人で6時間でやってくれと言われたことがある。その時、私は、ファシリテーターの謝礼は二分の一にしていいからということで、もう一人ファシリテーターをつけて、つまり主催者がお金を出すのは増えない形で、こちらが謝礼を少なくもらう形で、2グループ編成して、5、6人で5、6時間やるという形をとったりする。

　それから、これも大まかな経験則である、メンバーが8人いれば、8セッション設定すると、一番グループらしくなるかもしれない。メンバーが6名だと6セッションあるとなんとかいける。これも経験則なので、どうしてそうな

第1節　グループプロセスをみる際の基本的視点

るかと言われるとわからないが、40年くらいグループをやっていると、大まかにそんな感じがする。

グループ・プロセス

　グループ・プロセスをめぐっては「エンカウンター・グループ・プロセス論」〔野島, 1982a〕という形でまとめたが、この前に村山・野島〔1977〕の発展段階仮説というものがある。

（1）発展段階仮説
　発展段階仮説〔村山・野島, 1977〕では、グループのプロセスはまず段階Ⅰと呼ばれる「当惑・模索」から始まる。グループが始まると、ファシリテーターがリードするわけでもないし、テーマがあるわけでもないし、多少混乱が起こる。つまり、当惑・模索が起こる時期である。
　そして段階Ⅱが「グループの目的・同一性の模索」。当惑・模索の時期を経て、我々のグループは何をするのか、どうしていきたいのかを話すというグループの目的、同一性の模索の時期がやってくる。
　そして段階Ⅲが「否定的感情の表出」。みんなで頑張ってグループを作ろうとするが、なかなかうまくいかないので、そうなると、スケープゴート現象も含め、みんなの怒りが爆発する。お互いに攻撃しあったりと非常にアグレッシブな雰囲気になることがある。
　そして、それがひとしきりあると、その後、不思議とグループは、段階Ⅳで「相互信頼の発展」に入る。つまり、いったん否定的感情が出された後は、雨降って地固まるような形で、グループがぐっとまとまってくる。これを「相互信頼の発展」と呼んでいる。そして、相互信頼の発展ができると、自己開示的になってグループが進められていくのだが、しばらくすると、グループは次第にだれてくる。
　そして「親密感の確立」。段階Ⅴと呼んでいるが、グループはたわいもないことを笑いにしてみんなで笑いあうとか、ほとんど悩み事が出ずに、ただ駄洒落っぽくなるようなフェーズが起こってくるように思います。
　そして、段階Ⅵが「深い相互作用と自己直面」。これも不思議だが、ひとし

きりグループがダラーっとしてぬるま湯に浸かっていると、誰かが言い始める。「我々のグループはこんなにいい加減にしていていいのか」とか「せっかくグループに来て、もうちょっと何かやれないのか」と。そうすると、グループは深い相互関係と自己直面ということで、お互いぬるま湯からもっと深いかかわり、深い自己直面ということが起こる。

　今はなかなか多くないと思うが、ひと昔前はスイッチバック式の汽車というものがあった。山に登るのに一直線で登れないので、ジグザグにだんだんと山に登っていくのである。それと同じで、グループはだれる時期があると、誰かがまじめに「ちょっとやろうや」と言う。まじめにばかりやっていると、今度は息切れが起こる。そうするとまたグループはだらーっとなるようになる。そして、またぬるま湯がしばらく続くと、もう少しなんとかならないかということで、シャキッと締まる。そういう形で、緩むことと締まることとが、汽車のスイッチバック方式みたいに入り乱れながらずっと進んでいくということになる。これを段階Ⅴ′・段階Ⅵ′、それから段階Ⅴ″・段階Ⅵ″と呼んでいる。そして、残された時間の限りで行けるところまで行って、最後に「終結段階」が来る。これが発展段階仮説である。

（3）グループ・プロセス論

　これをもとにして私は「導入期」「展開期」「終結期」という形でグループの展開を三つに分けた〔1983〕。これには、飛行機が飛ぶイメージがある。

　地面があって、静止している飛行機がググググっと加速して離陸する。そして普通は水平飛行に移って、また降りてきて停まる。これが飛行機が飛んで停まるプロセスである。

　飛行機が飛んで加速して一応機体が浮かび上がると、「導入期」が終わって次に向かい始めるという具合に考える。ただ、何時間かやっても「導入期」が経過できずに、飛行機が離陸しないままにオーバーランをしてグループが終わることもある。つまり、グループは信頼感を持てないままで、お互いに不愉快な気持をもったままタイムアウトになることもあるのである。これはオーバーランのイメージである。

　しかし、なんとか普通のグループは浮かび上がる。浮かび上がって水平飛行に移る高度まで、グループが信頼感や安全感を持ってこられるところまでが「導入期」である。

　そして水平飛行に移ったあとが「展開期」になる。そして「終結期」が着陸

グループ・プロセス論のイメージ

態勢に入ってから飛行機が静止するまでである。

（4）発展段階仮説とグループ・プロセス論の関係

　発展段階仮説〔村山・野島, 1977〕によると、段階Ⅰ「当惑・模索」、段階Ⅱ「グループの目的・同一性の模索」、段階Ⅲ「否定的感情の表明」はおおよそ「導入期」にある。そして段階Ⅳ「相互信頼の発展」ができるというのは、水平飛行に移ったというサインになる。そしてあとは、「親密感の確立」と「深い相互関係と自己直面」を繰り返しながら水平飛行が進んでいって、そして残りが少なくなると、着陸態勢に入っていくわけである。ということで、「導入期」と「展開期」と「終結期」という形で、私はグループのプロセスをイメージで捉えている。

　そして、ローディベロップメント・グループ、ミドルディベロップメント・グループ、ハイディベロップメント・グループという三つのタイプのグループ分けをしているのだが、水平飛行に至らずに時間切れで終わったグループはローディベロップメント・グループ（Low development group）になる。それから、ミドルディベロップメント・グループ（Middle development group）というのは、一応水平飛行に入ったものの飛行距離が短いグループになる。そして、後続距離が長く飛んだ飛行機は、ハイディベロップメント・グループ（High development group）ということになる。こういう形でグループ・プロセスは、飛行機のイメージでたとえるのが一番しっくり来ると考えているところである。

表3　グループ・プロセス論と発展段階仮説

時　期	発展段階仮説
導入段階	段階Ⅰ：当惑・模索
	段階Ⅱ：グループの目的・同一性の模索
	段階Ⅲ：否定的感情の表明
展開段階	段階Ⅳ：相互信頼の発展
	段階Ⅴ：親密度の確立
	段階Ⅵ：深い相互関係と自己直面
	段階Ⅵ以降
終結段階	終結段階
	a）段階Ⅳ以降に展開したグループ
	b）段階Ⅳまで展開しなかったグループ

個人過程

　個人過程については、相互に密接な関連のある六種類の過程がエンカウンター・グループでは起こっているらしいということが、事例を丹念に読んだり観察記録を見るなかでみえてきた。この六種類の過程には、ロジャーズのプロセススケールのイメージが背景にある。ロジャーズは人間の心の流れを七種類のストランズ（より糸）に分けて、これが七段階に動いていくというプロセススケールという考えを出しているし、それは最近はフォーカシングなどでは体験過程スケールという形で作られている。そのイメージもあったのだが、個人過程は、六種類の「より糸」があるらしいと考える。

　まずは、「主体的・創造的探索」過程と呼ばれる過程である。

　やはりグループというのは、与えられて進むのではなく、自分の足で歩まないと先へ進まないので、主体的、想像的に探索せざるをえない。けれども次第に、主体的・創造的にやっていると、結構のってきて楽しくなって、よりアクティブに主体的・創造的に動き始める。

表4　エンカウンター・グループにおける個人過程

1．「主体的・創造的探索」過程
2．「開放的態度形成」過程
3．「自己理解・受容」過程
4．「他者援助」過程
5．「人間理解深化・拡大」過程
6．「人間関係親密化」過程

※6種類の個人過程はそれぞれ時間の流れとともに変化していく

第1節　グループプロセスをみる際の基本的視点

そして２番目は、「開放的態度形成」過程。イメージでいうと、最初はみんな自分の殻に閉じこもっているわけである。そしてグループが次第になじんでくると、徐々に心を開いて人と結びつくようになる。こちらも、人との間で心を開いて、人とコミュニケーションをする。こういう形で、殻に閉じこもった状態から、心を開いて人と関わり合うパイプができるということが「開放的態度形成」過程である。こういう開放的態度形成ができないと、グループはグループにならないという感じがする。
　ここで１番目・２番目というのは、１番目・２番目・３番目という形で登場するという意味ではなくて、この六種類が時間の流れとともに変化していくというイメージで捉えていただけたらと思う。
　そして３番目が「自己理解受容」過程。次第に自己理解の受容が起こり始めるのが出てきて、それから「他者援助」過程へ。不思議なもので、自分がグループのなかで居心地が良くなってくると、自分が人から助けてもらうとともに、何か人にお役に立つような言動をするようになるが、これを「他者援助」過程と呼んでいる。
　それから、「人間理解深化・拡大」過程。人間に対する理解が深まって広がっていく。そして「人間関係親密化」過程。非常に親密感が高まってきて、凝集性が高まる。
　このようにエンカウンター・グループでは、六つの過程が個人のなかで変化するイメージである。この個人過程については「エンカウンター・グループにおける個人過程―概念化の試み」〔野島. 1983〕という論文で詳細をまとめている。

ファシリテーション

（１）**ファシリテーションの機能**
　次にファシリテーションについて説明する。
　ファシリテーションの第一の機能は、「グループの安全・信頼の雰囲気形成」である。やはりエンカウンター・グループは基本的には安全感・信頼感をベースにということになる。
　そして、「相互作用の活性化」。グループはやはり相互作用が起こるのがグループらしいので、相互作用・インタラクションを活性化するためにはどうい

うファシリテーションの仕方があるのかを、導入・展開・終結毎に考える必要がある。

そして「ファシリテーションシップの共有化」である。これは、エンカウンター・グループが他のグループ・アプローチと

表5　グループにおけるファシリテーションの機能
1．グループの安全・信頼の雰囲気形成
2．相互作用の活性化
3．ファシリテーションシップの共有化
4．個人の自己理解の援助
5．グループからの脱落・心理的損傷の防止

違う大きな特色だと思う。他のグループでは、ファシリテーター・トレーナーは、最後までその役割を取り続ける。エンカウンター・グループでは、メンバーもファシリテーションを行うという考えがある。展開期くらいになると、ファシリテーターのメンバー化や、ファシリテーターがメンバーになることがあるのである。ファシリテーターが一メンバーになって、メンバーのファシリテーター化、メンバーがファシリテーションを発揮できるようになっていくという、ファシリテーターのメンバー化や、メンバーのファシリテーター化と呼ばれるこの現象が起こるのが、エンカウンター・グループの一番の本質のところだと思う。これが起こらず、いつまでもファシリテーターが最後までファシリテーション機能を発揮していて、メンバーがファシリテーションシップを発揮しないというのは、グループが一番うまくいっていない状態である。

それから、「個人の自己理解の援助」。エンカウンター・グループのなかで、ある意味でカウンセリング的なやり取りも含め、個人の自己理解に役立つようなやりとりがある。

それから、「グループからの脱落・心理的損傷の防止」ということも、重要なファシリテーションの機能である。ある高名な精神科のお医者さんは、グループのことを「必要悪」と呼んでいた。人間にとってグループは必要だけど、基本的にはグループは人間にとって悪なるものだという考え方もある。グループというのは、諸刃の剣なのである。グループがいい雰囲気で進むと、たとえばみんなが気持ちよくなるということになるし、グループがうまく進まないと、学級集団におけるいじめのようなことになってしまう。学級集団というグループの力がいじめという形に関わると、一対一に比べて数倍のパワーがある。そして、いい方に働くと、そのグループはまた数倍の力があるわけである。ということで、グループは諸刃の剣で、うまく働くと人を生かすが、うまく働かないと人を殺す。エンカウンター・グループもグループであるから、グループのプロセスが下手に働くと、ここに参加している人を殺すことになる。

第1節　グループプロセスをみる際の基本的視点

しかし、エンカウンター・グループの在り方としては、人を殺すことが目的のグループではないので、心理的損傷とか脱落の防止というネガティブな方に行くことをブレーキする機能を、ファシリテーターは果たさなければならないのである。

（2）ファシリテーターのコンビネーション

ペアでのファシリテーションを考える際には、コンビネーションを考えることが大事になってくる。二人が噛みあうと、1＋1＝3ぐらいのパワーになる。しかしコンビネーションが悪いと、1＋1＝1しか動けないということになってしまう。まず、ペアの相手を信頼できるかというのが大原則である。ファシリテーター同士が信頼できないと、ぐちゃぐちゃになる。ファシリテーターというペアの異質性の共存をどう図るかということは、三人以上のグループの異質性の共存をどう図るかということと並行して、グループのプロセスのなかで重要な意味をもつ。

だから、ファシリテーターが自分と違ったペアとの間でいろいろ折り合わせる努力をしていくこと自体は、ファシリテーターの成長に役立つであろうし、そのことはグループにも役立つ。

ただ、我々は、実際やってみて思うのだが、うまくいかないときはうまくいかない。ファシリテーター同士で、もうお互いに顔も見たくないような感じでなってしまう。そこをできるだけ折り合わせるには、もちろんグループ内でその違いをテーマにして話すということもあるが、グループ外のスタッフミーティングみたいな形で折り合わせる努力をすることもできる。

ファシリテーターのペアもいわば結婚みたいなものだが、これがうまくいかないこともあるということはわかったうえで、それをいかにして防止するかということに努力するしかないと思う。ただ、やはり、ファシリテーター同士でお互いのファシリテーションをめぐって話し合うことは、意味があることのように思う。そうすると、思いがけない自分の視点にないことを相手の方が思っていて、そういう動きをしているということがわかったりする。一番まずいのは、何か合わないなと思っても言語化しないこと。やはり基本的には、「合わなさ」をめぐっては言語化する形でのやりとりをしていくことが対応策かと思う。

（3）ファシリテーターの役割意識と心の動き

　ファシリテーターには、一方では役割意識による部分と、役割を離れた素直な自分の心の動きがある。このあたりが、ときどきコンフリクト（葛藤）の生じるところでもある。

　スーパーヴィジョンをしている時によく言うのだが、コンフリクトがあったら、そのことを言語化するのが一番である。

　自分のなかで、このグループを担当していて、なにかファシリテーター意識があって、しかしまた自分の意識を離れたいろんな考えもあって、そのあたりが自分のなかでうまく統合できていない感じがしてということがあれば、そういう感じがしているということを、グループで表現するのである。そうすると、そうした率直なファシリテーターの気持ちを受けて、いいインタラクションができる感じがする。

　だから、自分のなかで迷いが生じたり違和感が生じたら、言語化してグループに言ってみることである。言ってみると、何か反応があって、また新しい展開ができたりするようにもなる。

　コンフリクトは大体あることが普通なので、コンフリクトがあるときには、コンフリクトがあるということを言ってみるということが一つの手かと思う。自分のなかで留めていると、閉じられているので、自分のなかでも開けないし、グループにもたぶんマイナスになる可能性がある。

表　発展段階におけるファシリテーション技法の体系化〔野島, 2000b〕

		エンカウンター・グループの発展段階		
		導 入 段 階	展 開 段 階	集 結 段 階
状態像		・混沌とした状態 ・居心地悪し ・試行錯誤する	・グループとしてのまとまりができる ・安全感・信頼感・親密感が高まる ・1人1人にスポットライトがあてられる	・高・中展開グループ＝満足感、心地よい雰囲気／低展開グループ＝不満足感強く、それなりのおさまりをつける努力が行なわれる
課題		・ウォーミングアップ ・安全感・信頼感を高める ・次の展開段階のための「土俵づくり」	・率直な自己表明や関わり ・まじめな進行の「息切れ」の防止 ・長すぎる「一休み」の防止	・グループ終了に伴う分離不安の処理 ・グループ体験の振り返り ・グループ体験から現実生活への移行
ファシリテーションのねらい	グループの安全・信頼の雰囲気形成	・特に大切なイニシャル・セッションという認識 ・丁寧な導入の発言 ・場面構成 ・メンバーの質問に率直に答える ・自己紹介とグループへの期待・不安の表現の提案 ・ウォーミングアップを図る ・ファシリテーターの自己表現 ・メンバーの名前を早く覚える ・とにかくいろんなことを語り合ってもらうこと ・リラックスできるようにすること ・雑談的な話をグループ状況を推し測る手がかりにする ・ファシリテーターへのメンバーの印象をグループ状況を知る目安とする ・テープ録音への抵抗への対応		
	相互作用の活性化	・長すぎる沈黙を破る介入 ・場つなぎ的な話し合いへの介入 ・「職場の話」への介入 ・知的ディスカッションへの介入 ・グループ談義への介入 ・相互作用を深めることへの抵抗の指摘 ・相互作用の抵抗を克服するのに役立つコメント ・マンネリやダレの活性化 ・他者からのフィードバックを促す ・一時的に司会者的役割をとる ・ファシリテーターがあまり積極的になりすぎないこと ・自己開示的発言が出始めてしばらくの間は相互作用のズレには目をつむる ・無理してのスポットライトへの対処 ・まとめる発言を行なうこと ・中途半端なままの相互作用を取り上げる ・わりこみとズレの指摘 ・グループでの新たな相互作用を促す	・「私は…」と発言することを勧める ・グループが停滞している時の介入 ・他者への発言の促し ・惰性的に関わっていないかどうかの確認 ・だれる状態への対処 ・状況の整理 ・コミュニケーションの交通整理 ・メンバーとメンバーのパイプ役的介入 ・発言者が固定することへの介入	・相互作用を積極的に深めないこと
				・先に進むことの是非の判断 ・ファシリテーターの不満表出への注意 ・時間の延長についての判断 ・肯定的なしめくくりの発言

		エンカウンター・グループの発展段階		
		導 入 段 階	展 開 段 階	集 結 段 階
ファシリテーションのねらい	ファシリテーションシップの共有化	・ファシリテーターはリーダーではないとの宣言 ・メンバーの自発的提案の尊重 ・ファシリテーターへの依存への対処 ・ファシリテーターが「特別な存在」扱いされることへの対処 ・メンバー主導の流れの展開の尊重	・ファシリテーターのメンバー化 ・メンバーのファシリテーター化の尊重	・ファシリテーションシップの共有化の確認
	個人の自己理解の援助	・メンバーの気持の明確化 ・大事な自己表現をすかさず取り上げる ・一般論ではなくて自分のことを語るよう促す ・自己変革の示唆	・自己開示的発言への応答 ・メンバーをめぐる状況の明確化 ・メンバーへのフィードバック ・自己理解の進展が行き詰まったらいったんストップをかける ・中途半端で時間切れになっていた人を取り上げる ・取り上げられずに流された問題への対処 ・理解できたことを伝える ・洞察的発言の確認 ・寄せられたフィードバックの整理 ・メンバーへの助言的発言	・ブリーフ・フィードバック ・終わってもよいかどうかの確認をして一区切りする
	グループからの脱落・心理的損傷の防止	・早く内面を出しすぎる人への対処 ・大勢と違う発言をする人を大切に扱う ・参加のための発言に注意 ・発言しない人への対処 ・ドロップ・アウトへの対処	・本当に話したいかどうかの確認 ・長すぎるスポットライトへの対処 ・イライラしていの攻撃的発言に注意 ・充分にのれない人への対処 ・場を緊張させるような率直な発言に寄り添う	・ラスト・チャンスの設定 ・不満足な人への対処 ・おさまりへの努力
個人プロセス			「主体的・創造的探索」過程	
		・探索させられる、あるいは探索せざるをえないといった状態	・探索は積極的に行なわれる	・探索はあまり行なわれない
			「開放的態度形成」過程	
		・「開放的態度形成」をめざして試行錯誤する状態	・「開放的態度形成」を基にして個人とグループの成長をめざしていく	・開放的態度は維持される
			「自己理解・受容」過程	
		・「自己理解・受容」過程はなかなか進みにくい	・急速にかつ深く進むようになる	・「自己理解・受容」を確認する
			「他者援助」過程	
		・あまり「他者援助」的ではない	・次第に「他者援助」的になってくる	・「他者援助」的であることは維持される
			「人間理解深化・拡大」過程	
		・「人間理解深化・拡大」過程は少しずつ始まる	・「人間理解深化・拡大」過程は急速に進展する	・「人間理解深化・拡大」を確認する
			「人間関係親密化」過程	
		・「人間関係親密化」過程はほとんど顕在化しない	・「人間関係親密化」過程は急速に顕在化する	・「人間関係親密化」は維持される

第1節　グループプロセスをみる際の基本的視点

第2節

二年間のファシリテーター養成プログラム

野島 一彦

　大学院では臨床心理士になるためのコースの二年間の大学のフォーマルなプログラムがあるが、それと別に自分の研究室オプションプログラムとして、エンカウンター・グループ養成プログラムを組んでいる。本章では、この二年間のファシリテーター養成プログラムについて詳しく紹介する。

表6　野島研究室のファシリテーター養成プログラム

学　期	プログラム内容
修士1年前期	① 外部のエンカウンター・グループのメンバー体験：主に人間関係研究会プログラム ② エンカウンター・グループin九大（2日、通い）のメンバー体験 ＊エンカウンター・グループセミナーへの参加
修士1年後期	③ 学部授業の構成的エンカウンター・グループのコ・ファシリテーター体験 ④ インター・カレッジエンカウンター・グループ（3日、通い）のコ・ファシリテーター体験
修士2年前期	⑤ 外部の構成的エンカウンター・グループのコ・ファシリテーター体験：看護学校 ⑥ エンカウンター・グループin九大（2日、通い）のペア・ファシリテーター体験 ＊エンカウンター・グループセミナーへの参加
修士2年後期	⑦ インター・カレッジエンカウンター・グループ（3日、通い）のメイン・ファシリテーター体験

一年目のファシリテーター養成プログラム

　まず修士課程の一年の前期では、まず大学院入学の前後に外部で開催されているエンカウンター・グループのメンバー体験をすることを進めている。「エ

ンカウンター・グループ in 九大」という二日間の通いのベーシックエンカウンター・グループを九大の内部でやっていて、これのメンバー体験をする。

　それから、一年の後期になると、学部の授業で「グループアプローチ論演習」というのがある。この授業では構成的なグループをやっているので、TA（ティーチングアシスタント）として、構成的なグループのファシリテーター体験をするということをやってもらっている。毎週90分の授業で、だいたい四、五名の院生が手分けしてということで、そして、前半は全体でやるが、途中からはスモールグループにわかれ、一グループずつを院生が担当する。

　そしてこの学部の授業は月曜日の五時限にあり、次の週の月曜日の四時限にある大学院の授業では、彼らが自分が担当したグループについて、レポートをまとめ、それをめぐって、五グループを90分かけてグループスーパーヴィジョンをするという形をしている。

　そして、地域の複数の大学院生がメンバーとなる「インターカレッジ・エンカウンター・グループ」を研究室で主催していて、それのメンバー体験をしてもらっている。

　また、看護学校で二泊とか三泊のベーシックエンカウンター・グループをやっていたので、そのグループにコ・ファシリテーターで入るということをやる。教員・先輩と組んで、コ・ファシリテーター体験をするという宿泊型エンカウンター・グループである。

　この二泊三日、三泊四日のグループのなかでは、毎セッション後に、私のグループ・スーパーヴィジョンがリアルタイムで行なわれるので、一セッション毎に四グループなら四グループが集まって、メインのファシリテーターとそれから院生の修士課程一回生はコ・ファシリテーターということで、グループの流れを説明して、私のほうからいろいろコメントするという形をとる。

　そして、エンカウンター・グループ研究会（第2章第4節参照）というのを研究室は毎月一回やっていて、自分が担当したグループは、90分のエンカウンター・グループ研究会で、一人90分かけて事例検討会を行なう。

二年目のファシリテーター養成プログラム

　修士課程二年生の前期になると、野島研究室主催の「エンカウンター・グ

ループ in 九大」で、先輩と組んでコ・ファシリテーター体験をする。

そして毎セッション後には、やはり次の週に90分かけてグループ・スーパーヴィジョンが行なわれる。それから、毎月のエンカウンター・グループ研究会で事例検討を行なう。

それから、修士課程二年生の後期になると、今はインターカレッジ・エンカウンター・グループ（資料3-1参照）は三日間通いのグループだが、これでキャンディデイト同士で、ファシリテーターのキャンディデイト同士で組んでペアファシリテーター体験をする。つまり、キャンディデイト同士でペアファシリテーター体験である。これも毎セッション後には私のスーパーヴィジョンがある。

それから、看護学校の研修型のエンカウンター・グループでは、後輩と組んでメイン・ファシリテーター体験をする。これも、毎セッション後にグループ・スーパーヴィジョンがある。

そしてエンカウンター・グループ研究会で事例検討を行なうという、こういう形でメンバー体験をたくさんして、ファシリテーターも、コ・ファシリテーター体験、ペア・ファシリテーター体験、それからメイン・ファシリテーター体験という形で、徐々に負荷がかかってグループ体験をするという構造になっている。こういう形で、二年間かけてグループがやれるようになっている。

初心者のファシリテーターを励ます言葉

ファシリテーターが有能であれば有能で結構良いグループになる。そしてファシリテーターが危なっかしくて心配になれば、メンバーがこのファシリテーターに任せてたらどうなるかわからんと思って、自己保存本能が働いて、メンバーがシャキッとする。ということで、グループはファシリテーターが有能であっても、無能であっても、大体うまくいくという運命を持っているのだと言って院生をサポートしている。実際ファシリテーターが頼りなかったらメンバーがしっかりするのがグループの良さである。これは、個人カウンセリングでは絶対ない。個人カウンセリングで、カウンセラーがあまりパワーがなければカウンセリングはぐちゃぐちゃである。でも、エンカウンター・グループはファシリテーターがしっかりしてなかったら、メンバーがしっかりするので、

大体安全だという気がする。そういう意味で励まして、やってもらっている。

良いファシリテーターとは

　では、ファシリテーターって何だろうという疑問もでてくるかもしれない。
　グループ療法は、最初Tグループや感受性訓練と呼ばれるグループが、特に社会心理学者のクルト・レヴィン Lewin, K. たちを中心に行なわれていた。その後日本では九州大学とか立教大学を中心に行なわれて、現在もいくつかの大学で行なわれている。これまでのグループでは担当者のことを「トレーナー」もしくは「リーダー」と呼んでいた。それに対して、エンカウンター・グループでは、ファシリテーターという言葉が使われてきた。
　これはどうしてかというと、リーダーというのはいつもリードする人というイメージなのだが、エンカウンター・グループの本質と関わってファシリテーターは基本的にメンバーにもなっていく人、そしてファシリテーションはファシリテーターの独占物ではなくて、メンバーも発揮できるものだという独特の考え方があるので、そこでファシリテーターという言葉をあえて使ってきた経緯がある。だから、エンカウンター・グループのファシリテーターというのは、リーダーとかトレーナーとか、それとは質が違うという具合に私自身は考えている。そしてここで質が違わないとエンカウンター・グループじゃないと思っていて、ファシリテーターのあり方が後で様々なグループアプローチのなかで、エンカウンター・グループならではの一つの広い意味でのリーダーシップではないかと思う。
　カール・ロジャーズの言葉のリーダー論で次のような言葉がある。
　「最善のリーダーとは、人々がその存在をほとんど気にしないリーダーである。あまり良くないのは、人々が口々賞賛するリーダーである。最悪なのは、人々が軽蔑するリーダーである。良いリーダーは、多くを語らず、なすべきをなした時、その仕事が終わり、人々は自分たちがやったと言う」

　やはり、ファシリテーターで、良いファシリテーターというのは、「あの人がファシリテーターだったの？」と言われるのが良いファシリテーターかと思う。そういう意味で、これは個人カウンセリングだが、よく河合隼雄先生の口

癖だったが、「カウンセラーは何もしないことに全力を尽くす」。「何もしないことに全力を尽くす」ということで、なかなか含蓄のある言葉で、何かしてもらったという具合にクライエントが思うというのは、あまり良いカウンセラーではないだろう。クライエントさんとしては、あの先生は何もしてくれなかったが、なんか自分は元気になったのが良いカウンセラーなのであろう。

　ただ「何もしないことに全力を尽くす」というのも、何もしないことで手抜きをするのではないというところが面白いところである。

　エンカウンター・グループのファシリテーターも、いつもいつも頻繁にということはしないけれども、エネルギーは使っているのではないだろうか。

　私の感覚からいくと、もともとはそういう従来のリーダーとかトレーナーという権威ある者という形で、権威ある者とない者という上下関係できていたところに、ロジャーズさんは、ファシリテーターだってメンバー化するし、メンバーだってリーダーシップが発揮できるしという形で、そういうメンバーのファシリテーター化、ファシリテーターのメンバー化を言ったその辺のことを言いたくてファシリテーターという言葉を使ったと思うが、今巷で使われているファシリテーターという言葉は、従来のリーダーにかなり近い形になっているようにもみえる。一般的に流布しているファシリテーターというのは、従来のエンカウンター・グループで言われていたファシリテーターというのと、かなり質が違ったものになっていて、言葉は同じだけれど、中身は似て非なるものになっている。似て非なるものになっている感じに私には思う。

第3節

エンカウンター・グループ・セミナーによる集中的な学び

本山 智敬

本セミナーの目的

　エンカウンター・グループ・セミナーが初めて開催されたのは2001年であり、2010年でちょうど10回を数えたところである。スタッフは主催の野島一彦先生をはじめ、安部恒久先生〔鹿児島大学大学院〕、高松里先生〔九州大学〕、坂中正義先生〔福岡教育大学〕に筆者を加えた5名で、開始当初から変わっていない。これらスタッフは以前よりエンカウンター・グループの実践と研究を共に行ってきた仲間、筆者にとっては師であり先輩たちである。エンカウンター・グループのファシリテーションを学ぶ方法としては、実際にファシリテーター体験をし、スーパーヴィジョンを受けたり事例検討会に提出することが一般的である。しかし、個人臨床と同様、エンカウンター・グループを学ぶ際にも自らの実践を検証するための「研究の目」が必要であるし、他のファシリテーターの「グループ観」を通して自分のファシリテーションの視点や価値観について思いめぐらすことが重要となる。エンカウンター・グループ・セミナーはそうした学びの場を意図して企画されている。

本セミナーの実際

　本セミナーは3日間を通し、2時間〜2時間半のセッションを六つ企画している。各セッションの内容は大きく分けて、1）研究発表、2）事例検討、3）ベテランファシリテーターの話題提供である。参加者は野島研究室の学部生、大学院生の他に、エンカウンター・グループに関心のある者が全国から集

まる。グループに関するセミナーであるので、単なる受動的な学びにせず、グループの手法を取り入れてできるだけ参加者が話しやすい雰囲気や相互交流の機会を作るよう心がけている。まずセッション1では時間をかけてゆっくりと自己紹介を行うのが通例である。基本的に通い形式であるが、何回かは宿泊形式で行った。夜は懇親会の場を設けている。

2010年のセミナーでは、より体験的な学びの色彩を強くした【表参照】。我々が「出店方式」と呼んでいる、複数準備したワークショップのなかからその時の気分に合わせて参加したいものを選択する方式をとったセッション2や、参加者同士が各自の体験を通してエンカウンター・グループについて感じていることや疑問に思うこと等をシェアしたセッション5、ゲストとして村山尚子先生（赤坂心理教育研究所）を囲んで皆で語り合ったセッション6などが特徴的である。

本セミナーにおける学びとは

ファシリテーターとしての成長過程では、自らのグループ観やファシリテーター観を育てていくことが重要である。自分がグループをどのような場として捉えているのか、グループメンバーにどのような体験をしてもらいたいのか、そうした価値観は少なからずグループプロセスに影響するからである。それらを育てていくためには、自分がグループ体験、ファシリテーター体験を通して感じていること、考えていることを「語る」ことが大切であると考えている。しかし、果たして我々は学びの中でどれだけ自己の体験を語れているだろうか。学びの過程では、事例検討によってより良いファシリテーションを学ぶことと同時に、自らの体験を客観的に捉え直し、他者との間で語り合うことを重視したい。そういう点において、エンカウンター・グループ・セミナーは従来の事例検討に加えてファシリテーターの学びの幅を広げる機会となっているのではないかと考えている。

表7　エンカウンター・グループ・セミナー（2010年）のスケジュール

1日目
〈午　後〉
セッション1（13：30～15：30）
　シェアリング・セッション：参加者がそれぞれ参加動機や今の気持ち等について語る

セッション2（16：00～18：00）
　出店方式体験セッション
　　高松：自己肯定のためのワーク「バカボンのパパワーク」
　　安部：言葉と気持ちをつなぐためのワーク
　　坂中：積極的傾聴法の体験学習グループワーク

　夕食・懇親会

2日目
〈午　前〉
セッション3（9：30～11：30）
　事例検討1「看護学校の構成的エンカウンター・グループの事例」

〈午　後〉
セッション4（13：00～15：00）
　事例検討2「初参加／強制参加で行われたベーシック・エンカウンター・グループのプロセス」

セッション5（15：30～18：00）
　（前半）シェアリング・セッション：各自のグループ体験について語り合う
　（後半）質問セッション：野島先生と安部先生に自由にグループについて質問

　夕食・懇親会

3日目
〈午　前〉
セッション6（9：30～11：30）
　ゲスト・セッション：村山尚子先生を囲んで
「グループとコミュニティ：エンカウンター・グループやPCAグループと日常的、個人的付き合いの並存の意味」

クローズド・セッション（11：40～12：00）
　閉会のあいさつ、アンケート等

第 4 節

エンカウンター・グループ
事例カンファレンスにおける継続的な学び

山口 祐子

は じ め に

　エンカウンター・グループの実践報告は多くみられ、その学び方として、継続的にグループ事例の検討を行うことは意義があることと考える。九州大学ではファシリテーターを知的に学ぶ機会としてエンカウンター・グループのグループ事例カンファレンス（エンカウンター・グループ研究会）が行われている。エンカウンター・グループ研究会の概要について開催時期、参加者、内容、カンファレンスの流れに分けて紹介し、① グループ事例を検討する意義、② 継続的な学びのメリットについて報告する。

エンカウンター・グループ研究会の概要

開催時期　　月1回（原則第4火曜日）18：50 〜 20：20（90分）。

参 加 者　　エンカウンター・グループに興味のある人たちが参加する。参加者の構成は研究室の院生以上のゼミ生がほとんどで、エンカウンター・グループに携わる外部の方が数名参加されることがある。

内　　容　　ファシリテーターとして参加したグループ事例の実践と研究を検討する。九州大学で行われた非構成的（＝ベーシック）エンカウンター・グループにて院生同士がメイン・ファシリテーター／コ・ファシリテーターとして取り組んだグループや、外部のベテラン・ファシリテーターと一緒におこなったグループ、九州大学以外で院生がおこなったエンカウンター・グループの検討が行われる。なお、グループ構成は非構成的エンカウンター・グループの構成

が多いが、半構成や構成的エンカウンター・グループも検討することもある。

カンファレンスの流れ　　カンファレンスは① 発表者によるグループ事例の概要の説明、② 参加者がイメージするための事実確認、③ グループの経過の説明、④ 質疑応答、⑤ まとめといった一連の流れをたどる。

おわりに

(1) グループ事例を検討する意義

　個人カウンセリングにおいてカウンセラー初学者が面接の流れの中で起こっていることを面接者自身が見定めることができるようになるのに経験が必要〔前田, 1986〕であるが、このことはグループ事例においても同様である。また、久保ら〔2010〕は事例検討会の実施の効果として① 発表者は参加者との質疑応答や自身の実践の言語化などからそれまで気づかなかった見方や他者の考え方を知る機会となること、② 参加メンバーは発表者の実践プロセスを一緒に確認できることを挙げた。エンカウンター・グループ研究会はグループ初学者である院生の参加が多く、このような研究会の存在はグループの流れの中で起こっていることを見定め、得られた気づきを自分自身のグループ体験に生かせるよい機会となるだろう。

(2) 継続的な学びのメリット

　エンカウンター・グループ研究会では、1回のカンファレンスに1グループ、年間12グループの検討が行われており、さまざまなグループをじっくりと検討できるよい機会となっている。エンカウンター・グループ研究会の参加者の多くがグループ初学者であり、エンカウンター・グループの実践を通じて成長している最中にある。1回1回の研究会にて自分たちが「今、ここで」起こっていることを感じる作業を行い、継続的な学びを通して気づきや自己成長が確認できる機会であるともいえるだろう。つまり、エンカウンター・グループ研究会そのものがグループ事例の検討を通した一つのグループ体験であるといえるのかもしれない。

第 5 節

身近にエンカウンター・グループを学ぶ環境がない場合どうすればよいか

金子 光代

はじめに

　身近にエンカウンター・グループを学ぶ環境がない大学生や大学院生、一般の人たちのなかにも、エンカウンター・グループに興味を持って参加したい、または将来的にファシリテーターになりたいという人がいるだろう。ここでは、自分がそのように思った場合、または誰かからそのように相談された場合にどうすればよいかについていくつかの方法を述べる。
　第1章や第2章で述べられているように、ファシリテーターになりたいと思った場合、まずはメンバー体験をすることが重要となる。幸いなことに、各地域でエンカウンター・グループが開催されているため、参加することができる。

情報収集の仕方

　エンカウンター・グループに関する書籍、研修会等をインターネットで検索すると多くの情報を得ることができる。しかし、「エンカウンター」という言葉が用いられていても、その意味はさまざまで、著者や運営者がどのようなバックグラウンドを持って、何を目的としたグループについて述べているのかは異なる。自分が学びたい、参加したい、参加しようとしているグループがどのようなグループなのかを見極める必要がある。参加する場合、① ベーシック・エンカウンター・グループなのか、構成的エンカウンター・グループなのか、② どのような目的でグループを企画、運営しているのか、③ グループ体験ができるのか、研修なのか、については確認するとよいだろう。

エンカウンター・グループを学ぶには

(1) エンカウンター・グループに参加する

　人間関係研究会ホームページ http://homepage.mac.com/tmatsumt/index.html〔2011年7月現在〕には、人間関係研究会やエンカウンター・グループの説明、年間を通した各地のワークショップ（エンカウンター・グループのメンバー募集など）の案内が掲載されている。エンカウンター・グループに参加したいとは思っていても、どんなものなのかわからず心配であるという場合もあると思う。Q&Aや参加者の感想を読むとエンカウンター・グループのイメージがわくと思う。

(2) エンカウンター・グループを企画する

　もし、エンカウンター・グループに参加することが難しい場合は、エンカウンター・グループに興味がある仲間を探し、エンカウンター・グループの実践家にファシリテーターを依頼し、自分たちでエンカウンター・グループを企画するという方法がある。上述した人間関係研究会のスタッフや、人間性心理学会などでエンカウンター・グループの研究を行っている者、エンカウンター・グループの書籍を書いている者に相談し、ファシリテーターを依頼したり、紹介をしてもらったりするとよいだろう。その際、グループ企画の意図、目的、日程や構成の案を設定して相談すると、そのやりとり自体が学びとなると思う。

(3) 映像や文献を見て、勉強会をする

　さまざまな事情でグループの参加、企画が困難な場合、映像や文献を見るという方法がある。例えば、Carl Rogersらがファシリテーターであったエンカウンター・グループの映像〔日本語訳〕には、『鋼鉄のシャッター The Steel Shutter——北アイルランド紛争とエンカウンター・グループ』『これが私の真実なんだ——麻薬に関わった人たちのエンカウンター・グループ』『「出会いへの道 Journey into Self」——あるエンカウンター・グループの記録』がある。これらの映像をエンカウンター・グループに興味のある人同士で見て、感じたことを共有するとよいだろう。

　一歩動き出したときからグループや同志とのエンカウンター（出会い）は始まっている。ぜひ楽しんでエンカウンター・グループを学んでいただきたい。

第6節

フォローアップ・インタビュー

インタビューで本章をふりかえります。〔話し手：野島一彦／聞き手：髙橋紀子〕

臨床心理士になることを目指す研究室の院生「全員」を
ファシリテーターとして養成しようとしたのは なぜですか？

── 先生がグループのファシリテーター養成を研究室の人には全員させるんだと最初におっしゃった時は、確か私は修士一年で、当時先生はそれをすごく覚悟して始められたという印象があります。そこには先生の相当なモチベーションがあったように感じました。

野　島　これはですね、まずグループというのは心理臨床家にとって両輪の一つだということで、グループを必ずやれるようにはならんといかんという僕の考え方があったのと、何かのご縁で僕の研究室に来た以上は、僕の提供できる一つのものがエンカウンター・グループですので、学んでほしいということで、これは熱い思いですね。そして、別にしなくたって良いんですよね。大学院の教員として僕が自発的にボランタリーにやっているので、ある意味単位にもならないんだしね、院生は。で、僕もそれをやったからといって援助されるわけでもないこと、院生と僕とは両方ある意味でフォーマルなカリキュラム以外のオプションですからね。

── 先生としては、ファシリテーターを育てるのが自分の一つの役割だと……。

野　島　そうですね。ただこれは思うんですよ。エンカウンター・グループが比較的向く人もいるし、向かない人もいるかもしれない。けれどもまぁ少なくとも二年間、メンバー体験とファシリテーター体験をすることはマイナスにはならないし、むしろこう二年間の大学院生活を充実させることにつながるという、そういう見通しですね。

── では必ずしも全員ファシリテーターになりなさいという意味ではなくて、臨床心理士を育てるその過程のなかでそう経験することに意味があると。

野　島　そうそう。僕はエンカウンター・グループ教の信者をつくるというのではなく、ただグループ・アプローチっていうものの一つとしてエンカウンターを学ぶということで、その後、その人がエンカウンター・グループ以外のグループ・アプローチが合えばそれをやっていったら良いし、物事合う合わないがあるから、別にエンカウ

ンター・グループでいかんということではないし、例えばゲシュタルト療法にいってもいいし、サイコドラマにいってもいいし、ただ思いとしては個人臨床だけじゃなくて、グループ臨床もできたほうが良いという思いはありますね。エンカウンター・グループをやるかどうかは別としてね。

野島先生は、バランスの人

── 序章では、心理臨床家を目指す大学院生は「学習」「研究」「臨床活動」の三つの活動をバランスよくしたほうがいいという話もありました。「研究」も入っているんですね……。

野　島　はい。それを思いついたのは臨床系の教員の仕事がはじまりなんです。臨床系の教員は、「教育」と「研究」と「臨床活動」の三つをやるんですよね。この「教育」は臨床心理学を学ぶ人にとっては「学習」になります。そして「臨床活動」と「研究」、これはもうわれわれ教員と全く同じです。この三つのバランスの話は、我々大学の教員の仕事について考えたのが、きっかけになっているんです。

── わかってはいても。バランスをとるのはなかなかむずかしいです。

野　島　ええ。なかなかむずかしいです。先日ある人に「あなたはバランスの人だ」と言われて、言われてみれば、ああそうだなあと。どんなことでも僕は「バランス」というのを大事にしているような気がします。
　今の三つもそうだけど、例えば僕はセラピーの手法としてグループ臨床と個人臨床と二つが必要だといつも言ってるんですね。個人だけあるいはグループだけというのはだめで、両方やるからこそ、両方がうまくやれるのだと。
　それから実践領域でも。領域も僕は一方で精神科臨床・病院臨床をやっていて、他方では学生相談とスクールカウンセリングをやっていて、こういうガラっと違う二つの領域を体験することが、お互いの領域を充実させるのに役に立つと思います。

グループ臨床はメインストリート、個人臨床はバイパス

── 全然ちがう質のことを、同時にバランスよく実践することが、結果的にどの経験にも役に立つという実感が先生にはあるんですね。心理臨床家の中には、個人臨床だけでグループ臨床はしない人のほうが多いような印象もありますが、先生は個人臨床とグループ臨床が車の両輪のようなものだと。

野　島　ええ。たぶんこの発想は、普通ちょっとびっくりされると思うんですけど、

僕のなかではグループ臨床がメインストリート、そして個人臨床はバイパスという捉え方をしています。なぜかと言うと、人間はだいたい三人以上の集団のなかで普通生きているし、二人だけですごすというのは、まあ稀な時間ですよね。だからそういう意味で三人以上の集団のなかで人は傷ついたりするとともに、三人以上の集団の中で癒されていく部分があるから、そういう意味で通常はグループ臨床というメインストリートで基本的には対応して、けれども特別に自我が弱かったり、傷つきが強かったりする人は、二者関係のバイパスルートで三者以上関係に耐えれるまで少し持ち上げてくる必要があると思います。ですから通常は三者以上関係になる臨床がメインストリートという風に考えて、僕のなかではそういう風に二つの技法の位置づけをしています。

── これから心理臨床を学ぶ大学院生の場合は、どちらから学ぶのが良いと思われますか。

野島　僕は並行してやるのが良いと思いますね。九大ではもちろん相談室のケースは個人でもつことが多いわけですけど、しかし他方では僕がファシリテーターの養成という形でしばしばメンバー体験をさせたり、ファシリテーターの体験をさせるということになります。ただ、このグループ臨床と個人臨床両方をやれるセラピストはやっぱりバランスの良い場合で、なかにはとてもグループが苦手という人がいて、最近はケースも集団場面・対人場面が苦手ということが多いですから、そういう意味で臨床家の中にも対人関係が苦手な臨床家がいて……。

── そうですね。苦手な人のほうがむしろ多いかもしれません。

野島　だからやっぱりセラピストも三者以上の関係に耐えるトレランスがないと個人臨床家としてもダメなんじゃないかなあと思うんですよ。グループはダメで個人だったらやれますってのは、それはなかろう、と。本当に優秀なセラピストっていうのは個人とグループというのは車の車輪だから両方がこなせるということが大事ですね。

第 3 章

グループ臨床を学ぶプロセス

第1節

メンバー体験の位置づけ

―― ファシリテーター養成と臨床心理士養成の視点から ――

安部　恒久

メンバー体験とは

　メンバー体験とは"自分が自分になる"プロセスを味わう（体験する）ことということができるであろう〔安部，2010〕。

　日常生活では、組織の役割や様々な"しがらみ"に縛られて、自分になるのが難しいというのが現実である。しかしながら、グループの場では、あくまでも役割や肩書きで参加するのではなく、ひとりの人間として参加することができるからである。

　では、グループに参加すれば、すぐに自分になることができるかといえば、"自分が自分になる"とは、それほど簡単なプロセスではない。なぜかといえば、自分が自分になることはリスク（冒険）を伴うからである。

　自分が自分になるための最も大きなリスクは何か。それは孤独である。自分が自分のことをわかっていても、他人は自分がわかるようには、自分のことをわかってはくれないからである。私たちは、そのような孤独を日常生活でも体験しているし、そのことが日常の人間関係のなかで自分が自分になることを難しくしているともいえるのである。

ファシリテーターあるいは臨床心理士になるとは

　したがって、自分が自分になるのを見守ってくれて、リスクを伴にしてくれるひとがいると安心できる。ファシリテーターとは、自分が自分になる試みを他のひとよりも先に体験していて、自分になるためのリスクを知っているひと

ということができるであろう。
　すなわち、ファシリテーターは、自分が自分になるためのリスクを知っているだけに、自分になろうとするメンバーに対して共感できるだけでなく、リスクを分かちもつことができる。
　したがって、ファシリテーターを養成するとは、簡単にいえば、そのような安心できる人間性をもったひとを育てることであるといえるであろう。
しかしながら、臨床心理士になるとは、人間性だけでは難しい。通常は、人間性に加えて専門性が求められるだろう。人間性だけで勝負できるひともいるかもしれないが、そのようなひとはまれであると思ったほうが無難である。
臨床現場で出会うひとびとは、様々な理由によって、自分が自分になることに困難を極めている場合が多い。それらのひとびとを臨床心理士として支援するときに、グループ体験における"自分が自分になる"体験はどのように専門性と関わるのであろうか。

個人療法とグループ体験

　そのことを明らかにするためには、グループ体験における"自分が自分になる"ことと、個人療法で"自分が自分になる"こととはどこが違うのかを考えてみるとよいであろう。
　すなわち、自分が自分になるのに、なぜグループが必要なのか。個人療法でもよいのではないか。しかしながら、ロジャーズがクライエント（人間）中心療法から、グループ体験へと足を踏み出したのはなぜか〔Rogers. 1987〕。
　結論からいえば、個人療法と異なり、グループ体験は"仲間体験"をとおして自分が自分になるところに特徴がある。野島〔2000〕のファシリテーション論もそのような視点を含みこんで公式化されていると思う。グループ体験では、自分が自分になるとは仲間からの支援があってのことである。したがって、この仲間体験を臨床心理士としては活用することこそが、グループでのメンバー体験の醍醐味といえるのである。

仲間体験の活用

　この仲間からの支援を通して自分が自分になるという視点は、ファシリテーターを養成する場合も臨床心理士を養成する場合も、グループ体験を媒介にするかぎりは共通のことである。したがって、"自分が自分になる"というメンバー体験は、ファシリテーターあるいは臨床心理士を養成するときに、個人の力だけでなく、グループを信頼し仲間体験の力を引き出すことができるひとを養成することに貢献すると位置づけることができるであろう。

第2節

コ・ファシリテーター体験と役割

野島 一彦・内田 和夫

コ・ファシリテーター体験における三つの時間

　ベテランのファシリテーターと、養成されるファシリテーター（＝コ・ファシリテーター）が共同してグループを担当するコ・ファシリテーター体験の養成段階では、毎セッションごとに「プレ・ミーティング」（エクササイズの確認、簡単な打ち合わせなど）をしたあと、共同でグループを担当し、グループ終了後に「ポスト・ミーティング」（メンバーのセッションアンケートをチェックし、グループを振り返って感想を述べあうなど）が行なわれる。つまり、単にファシリテーターとコ・ファシリテーターが共同でグループを担当するだけではなく、「プレ・ミーティング」「グループの共同ファシリテーション」「ポスト・ミーティング」でワンセットになっている構造である。

　そして、この三つは有機的につながっていることが大事である。「プレ・ミーティング」のなかで、プログラムの準備とともに、ファシリテーター、コ・ファシリテーターの心の準備ができる。また、「ポスト・ミーティング」では、一緒にグループを振り返ることを通して、グループやメンバーについての理解を広げたり深めたりすることができるし、次のセッションに向けての心構えができる。「プレ・ミーティング」「グループの共同ファシリテーション」「ポスト・ミーティング」といった一連の流れがそろってはじめて、ファシリテーター養成としての「コ・ファシリテーター体験」は成立するのである。

```
プレ・ミーティング
      ↓
グループの共同ファシリテーション
      ↓
ポスト・ミーティング
```

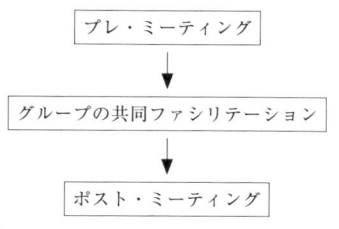

図8　コ・ファシリテーター体験での3つの時間

コ・ファシリテーターの多面的役割

「グループの共同ファシリテーション」において、コ・ファシリテーターの役割は、状況に応じて「観察者」「アシスタント」「メンバー」「ファシリテーター」と多面的に変化することが特徴的である。① エクササイズの内容、② ファシリテーターの都合、③ 参加メンバーの人数合わせなどの理由で、コ・ファシリテーターは臨機応変に動かざるをえない。このことは、グループに対して異なるいろいろな立場を経験することで、グループについて立体的に理解できる機械にもなりうるが、時には不満や不安を生むことになる。これはコ・ファシリテーターの宿命のようなものでもあろう。

なお、コ・ファシリテーターの不満や不安の対応としては、「ポスト・ミーティング」で、コ・ファシリテーターが率直にそのような気持ちを表現するとともに、ファシリテーターによるサポートが必要かつ有効である。

コ・ファシリテーターの体験

「グループの共同ファシリテーション」において、コ・ファシリテーターはどのような体験をするのであろうか。

コ・ファシリテーターがグループに参加した際のセッションアンケート（資料2-2）の自由記述をもとに、その内容を大きく分類したものを表10に示す。

表9　グループの共同ファシリテーションにおいてコ・ファシリテーターが体験できること

① ファシリテーターのグループの進め方を観察しその意図を教えてもらう。
② 複数のスモール・グループごとの特色を観察する。
③ メンバーの様子を観察する。
④ スモール・グループにメンバーとして参加していても、メンバー個々、スモールグループの動きを観察する（参加しつつの観察）
⑤ 全体を観察してのフィードバックを行う。
⑥ 自分が入ったスモール・グループについてのフィードバックを全体のなかで行う。
⑦ セッションを自ら企画し進行する。

　これらの体験を通してコ・ファシリテーターは、グループやメンバーについての理解を深め、ファシリテーターのあり方やファシリテーションのコツを学んでいくように思われる。

　また、これに加えて、ポスト・ミーティングにおけるファシリテーターとコ・ファシリテーターでの、セッションアンケートをチェックしながらのグループの振り返りも、セッションのなかでの体験を意識化・言語化・一般化していくことに役に立っているように思われる。

　こうしたセッションアンケートには、外側からの観察だけではどうしても把握することのできない参加者の内面が結構素直に述べられており、メンバー理解をするのにとても有効である。ポスト・ミーティングをする際に、セッションアンケートがあるとないでは、メンバー理解は大きく異なってくるであろう。とりわけファシリテーター養成において、これは必要不可欠のものと言ってもよいであろう。

第3節

ファシリテーター養成における「コ・ファシリテーター方式」の意義

内田 和夫・野島 一彦

はじめに

　ファシリテーターが単独で行う場合に比べて、未熟ながらもファシリテーターの役割を担った一人のちがう人間が加わるということは、研修生だけではなく、メンバー及びベテランのファシリテーターにも益するところがあると考えられる。そのような部分まで踏み込んだ議論を行うことは、ファシリテーターの養成方法やファシリテーション技法を洗練していく上でも意義深いことである。
　そこで本章では、ファシリテーターとコ・ファシリテーターの「ちがい」に着目しながら、メンバー、ファシリテーター、コ・ファシリテーターそれぞれにとっての「コ・ファシリテーター方式」の意義について考察する。

メンバーにとっての意義

　安部〔1984〕は、青年期仲間集団のグループ体験における問題点として、① グループ体験への動機づけが多様であること、② 既知集団として共有されている「みんな意識」と「擬仲間関係」の存在、③ 日常生活を通しての否定的側面に敏感である、という三点をあげた。そしてさらに、そのファシリテーションの要点として、① 動機づけのためにメンバーの「ちがい」を明確にすること、② 既知集団の中の異質なメンバーとして、メンバーの「みんな意識」と「擬仲間関係」を告発すること、③ グループ体験の中に持ち込まれた日常関係に対して、仲介者として新しい仲間関係の獲得を援助すること、という三

点をあげた。

　二年間を共に過ごした9名の看護学生をメンバーとするエンカウンター・グループに、大学院生であった私がコ・ファシリテーターとして参加した際、ファシリテーターの大学教員が冒頭に〈ファシリテーターもグループの11分の1〉である、と発言したことがあった。これはファシリテーターも「おなじ」グループの成員であるということ、そして同時に一人一人が独立した「ちがう」人間であるということをはっきりと宣言し、メンバーの「みんな意識」と9対2の構図に揺さぶりをかけるものであった。しかし、それでもファシリデーター2人を除いた「みんな」で話し合うなど、メンバーの「みんな意識」は強固であった。メンバーの「みんな意識」は、ちがっても大丈夫であるという安心感が感じられない限り容易には変化しない強固なものなのであろう。

　そのグループでは、そのようなファシリデーターの働き掛けに加えて、「コ・ファシリテーター方式」という形式、すなわちファシリテーターが大学教員、コ・ファシリテーターが学生という構成自体に「ちがい」が明らかであったことも有効に働いた。さらにコ・ファシリテーターがファシリテーターの権威性に萎縮することなく自由に発言することを通して、両者の「ちがい」が提示されたことは、ちがっても大丈夫であるというメンバーの安心感と、「みんな意識」に「私」が押し殺されることなく、ひとりひとりが自由に語るグループの風土を醸成する一因となった。「自分を表現できない」、「傷つけ、傷つけられたくない」メンバーであったが、初めにあった9対2の構図から新しい関係、すなわちファシリテーターを含めてそれぞれが「ちがう」存在であることを許容しながら「おなじ」グループのメンバーとして場を共にする関係へと変化したのであった。

　そしてまた、メンバーの身近に感じられるコ・ファシリデーターは、未熟であっても、メンバーとファシリテーターの仲介者的な役割を果たすことも可能である。このように、本方式はメンバーにとっても益するところが多く、意義深いものである。

ファシリテーターにとっての意義

　「ちがい」を明確にしていく際、メンバー同士の「ちがい」を性急に指摘す

ることは抵抗を生むことが予想される。しかしながら、「コ・ファシリテーター方式」ではさしあたりファシリテーター同士の「ちがい」を材料として取り扱い、モデルとなることで、「ちがい」が許容される雰囲気をグループ内に生み、大きな抵抗を生じさせることなく、徐々に「ちがい」を明確にしていくことができる。

　また、ファシリテーターが単独で担当する場合に比べて、「コ・ファシリテーター方式」では、グループを観察する目が増えて、ファシリテーターがグループを複眼的に眺め、多面的に理解することが可能になる。そして、例えば、一方が介入するときには、他方がサポートにまわるといった、両者の「ちがい」を活かしつつ、相補的な働き掛けを行うことも可能になる。このように、「コ・ファシリテーター方式」は、その構造と機能をグループの理解とファシリテーションに活かすことができるという点で、ファシリテーターにとってもメリットのある方法であるといえよう。

コ・ファシリテーターにとっての意義

　野島の考案したファシリテーター養成過程では、その過程を幾つかの段階に分けて実践している。すなわち、数回のエンカウンター・グループのメンバー経験を積んだ後に、本稿で取り上げた「コ・ファシリテーター方式」にてベテランのファシリテーターと組んでグループを実践する段階、さらに「ペア・ファシリテーター方式」〔原賀, 2002〕にて研修生同士で組んでグループを実践する段階、そして最後にファシリテーターとして単独で、あるいはコ・ファシリテーターと組んでグループを実践する段階である。このように段階的に経験を積んでいくことが研修生への負担を少なくし、訓練効果も期待できるわけであるが、とりわけメンバーからファシリテーターへの転換の段階となる「コ・ファシリテーター方式」の意義は大きい。

　どれだけメンバーの経験を積んでも、やはりメンバーとして参加する場合とファシリテーターとして参加する場合とではグループに対する構えが随分と異なるものである。殊に初めてファシリテーターを務める場合には、特別な役割を担うことによる重圧と、技術や経験の乏しさから大きな不安や恐れを経験することが予想される。しかし、「コ・ファシリテーター方式」には、研修生が

実際のグループをファシリテーターとして負担の少ない形で体験できること、さらにベテランのファシリテーターの技法や態度を目の当たりにして、それらを取り入れ、学習することができるという利点がある。その経験は、研修生がファシリテーターとしての役割に慣れ、その過度の不安や恐れを軽減し、後に独り立ちする際の糧となるであろう。

　そしてまた、ファシリテーターから取り入れ、習い、まねるだけではなく、福田・野島〔2002〕も触れているように、ファシリテーターとしてのスタンスの「ちがい」を認識することで自分を知り、自分であればどうするかを考え、自分の持ち味を活かしたファシリテーター像を築いていくことに役立つ、ということも重要な点である。他のファシリテーターとの「ちがい」を認識し、許容することは、メンバー同士の「ちがい」を許容することにも通じるであろう。

「コ・ファシリテーター方式」が うまく機能するための要件

　最後に、「コ・ファシリテーター方式」がうまく機能するためには、コ・ファシリテーターが自由に発言できる関係性がファシリテーターとの間に築かれることが重要である。コ・ファシリテーターがファシリテーターの権威や支配性に萎縮し、従うばかりでは、ファシリテーターに呑み込まれてしまって「ちがい」が活かされない。さらにそのようなファシリテーターとコ・ファシリテーターの関係性がメンバーに影響して、メンバーが萎縮し、自発性が損なわれる恐れもある。また、せっかく観察の目が増えても共有されなければ多面的な理解には結びつかないし、両者の動きが余りにちがえば、グループは混乱する。そうした事態を防ぎ、そしてコ・ファシリテーターのトレーニング効果を高めるためにも、事前の、そしてセッション前後のミーティングを十分に行って意志疎通を図ることが肝要である。

第 4 節

ファシリテーター養成プログラムにおける
ファシリテーターとして心がけていること
—— トレーニーへのまなざしを中心に ——

坂中 正義

はじめに

　筆者はこれまで、九州大学野島研究室主催のファシリテーター養成プログラムとして行われるエンカウンター・グループに、ファシリテーターとして何度か関わってきた。

　このプログラムにおけるファシリテーターは通常のファシリテーターとしての役割とともに、初心者ファシリテーターのサポートや支援といった役割も求められる。また、このプログラムの持つ特徴のうち、「トレーニーはまずメンバー体験を持つ」「メンバー体験を持ったトレーニーはエンカウンター・グループ経験をある程度積んでいるファシリテーターとペアでファシリテーター体験を持つ」「ファシリテーターを担当したトレーニーはカンファレンスで発表するが、その場にメンバーとして参加したトレーニーも同席する」の三つは、このプログラムのファシリテーターを担当する際の留意点に密接につながっている。

　ここでは紙面も限られているため、初心者ファシリテーターへの配慮を中心とした「コ・ファシリテーター関係」と、メンバーとして参加しているトレーニーへの配慮を中心とした「カンファを見据えたファシリテーション」の二点について論じてみたい。

コ・ファシリテーター関係

　林〔1991〕は、初心者ファシリテーターにとっての成長促進的なコ・ファシリテーター関係として「相補的・相互協力的な感じがある」「相互信頼」「自然で気をつかわないでいられる感じ」といった関係の特質と「ミーティングを必要に応じて行える関係」「何でも話し合える」といった安全なミーティングの必要性をあげている。

　前者のような関係構築するためにファシリテーターに必要なことは、パーソン・センタード・アプローチ〔以下、PCA〕の基本的理念と同一である「初心者ファシリテーターの実現傾向への信頼」と「中核３条件的な態度の実現とその伝達」と考える。メンバーに対するこれらの姿勢は比較的意識されようが、コ・ファシリテーターに対する同様の姿勢は陰になりやすいため、筆者自身への戒めとしてあげたい。このような初心者ファシリテーターとの関係性の構築は、セッション中もであるが、後者のようなミーティングでの関係性が大きく機能しているようにも思われる。

　後者のミーティングは、上述のような関係構築に有効であるとともに、ファシリテーションを検討する機能も大きい。ファシリテーターそれぞれが、自らの感情や姿勢を振り返り、おのおのの態度の実現や盲点のチェックといったファシリテーターとしてのありようを吟味する。特に、初心者ファシリテーターがメンバーやグループに対して成長促進的な態度を実現できるようサポートしてゆくことは、PCAのトレーニングとして重要であろう。

カンファをみすえたファシリテーション

　メンバーとして参加したトレーニーは、自身の参加したエンカウンター・グループのカンファに出席することに、複雑な思いを抱えやすい（例えば「ファシリテーターはセッション中、自分をこんな風にみていたんだ」など）。発表する初心者ファシリテーターもメンバー体験時に同様の体験を持っているため、何をどこまで報告するか躊躇する。この構造を持つカンファはトレーニー・初心者ファシリテーター双方に居心地がよくない。

エンカウンター・グループのファシリテーターとしての筆者は、この構造自体の修正等には関与できないため、居心地の悪さを少しでも低減するための一つの工夫として「ファシリテーター間のミーティングでシェアしたことは可能な限りメンバーともシェアし、透明度を確保すること」を試みてきた（ある意味、ファシリテーターの純粋性が試される事態である）。こうすることでエンカウンター・グループ内でファシリテーターが語ることと、カンファで語ることのギャップが小さくなり、双方の居心地の悪さのある部分は低減するようである。もちろん、ミーティングで話したことは何でもいってよいということではない。このような形で透明度を確保すること自体もファシリテーター間でしっかり話し合う必要があることはいうまでもない。

おわりに

　ファシリテーターはメンバーから学ぶことと同様、トレーニーからも学ぶことは多い。構成型グループでは坂中〔2005〕のように、トレーニーはサポーターとしてグループのファシリテーターから見えない部分をサポートし、ファシリテーターの懸念をシェアできるありがたい仲間である。ベーシック・エンカウンター・グループでは、よりいっそう対等なコ・ファシリテーターとして、ともにグループに望む仲間である。トレーニーの存在を大切にしつつ、二人三脚でトレーニーから学ぶ謙虚な姿勢を持ち続けたい。

第5節

フォローアップ・インタビュー

インタビューで本章をふりかえります。〔話し手：野島一彦／聞き手：髙橋紀子〕

グループの進行中と終了後で、スーパーヴィジョンのやり方はどう変えているのか

── セッションとセッションの間にスーパーヴァイズを受けるという経験についてですが、あれは20分後だったり、10分後に次のセッションがあるわけで、その狭間でスーパーヴァイズするときに気をつけてらっしゃること、それからたぶんグループ全部が終わってからカンファレンスでコメントするときは、ポイントが全然違ってくるんじゃないかと思うのですけど……。

野島　グループ進行中のスーパーヴィジョンのときには、セッションごとにやりますから、彼が担当したそのセッションについての見立てを深めることと、次のセッションにどのように入るかという手立てを、ある程度コメントすることになりますよね。ですから、終わったばかりのセッションと次のセッションを視野に入れて見ますね。

　それから、カンファレンスの場合は1時間半とってやりますので、セッション全体のことがどうなっているかという全体の流れの理解、それから必ずメンバーのセッションへの意欲度、期待、満足度もきいてますので、そのデータも出て、全体を通してということと、そういうアウトカムのデータをもとにコメントするということになります。だから全体の方が視野は広いかな。

── だとしたら、例えば一つのグループ事例だとしても、グループ進行中とグループが終わった後のスーパーヴィジョンを二回受ける意味もあるんですね。

野島　そう思いますね。二回受けた方が良いんじゃないかな。

── セッションごとを見る見立てと手立てを考えるのと、トータルでグループを考えたときの見立てと手立てを考えたりというのが大事なんですね。

グループスーパーヴァイザーへのアドヴァイス

―― グループスーパーヴァイザーしている人たちに、先生からのアドヴァイスを。

野　島　ファシリテーターが少しでも安定して自信をもってグループに取り組めるという、そこを大事にしながらコメントすること。全部終わったあとのカンファレンスなどでは、ちょっと一時的にめげるようなことを言っても大丈夫ですけど、グループ進行中のスーパーヴィジョンでは、とにかくめげたらもうグループがかわいそうだから、とにかくめげずにやる気をもってというところが、一番の姿勢として大事なところでしょうね。

―― いろいろ聴いて思うところがあっても、あまり注意点は言わないようにするんですか。

野　島　ケースバイケースですね。基本的にはやれてるところを認めてサポートしていくのですけど、自動車学校の教官と同じで、このまま放置するとぶつかって事故が起こるというときには強く「それはちょっとやばいんじゃない？」という風に言います。

―― それは、グループとしての安心感が損なわれるときに伝える。

野　島　メンバーの一人が仕切って、独裁者のようにどんどん言って、ファシリテーターが何も手を出せてない、ファシリテーターが孤立しているし、他のメンバーもしらけてるし、本人は気分よく喋っておられる。このままその人を野放しにしといたら、全体がグチャグチャになると感じたときは、役割意識をもって、ちゃんと止めないとあかんと言いますね。

第 4 章

学びのプロセス、
そして学びを活かすプロセスの多様性

第1節

臨床心理士を目指す院生にとってグループ体験は必須のものか

中田 行重

心理臨床家のあり方は色々あるべき

　心理臨床家のあり方は色々あってよいと思う。いや、そうあるべきだ、というのが私の心理臨床へのスタンスで、これは自分の思考パターンにいつも影響を与える。自分はPCA関連の国際学会の理事までさせていただいたが、PCAやフォーカシングしか見えてないような人には距離を感じる。勤務先の外来カウンセリング施設に行動療法の人に参画してもらったのも、自分のそのような面の表れだと思う。しかし、個人として距離を感じるだけであって、グループを必須と思う臨床家もいていい、というのも私のスタンスである。このようなスタンスは主にエンカウンター・グループ体験を通して身についた。

手段としてのグループ

　私のスタンスからグループの必要性をどう見るかというと、初めにグループありき、ではなく、ある目的遂行のための手段としてグループが最適である場合にはグループを採用することを考えている。つまり、もし他にもっと効率の良いアプローチがあるならそちらを採るべき、という考えである。エンカウンター・グループも同じであり、私はそれを"目的志向的ＥＧ感"と呼んだ〔中田, 2005〕。例えば昨今の嗜癖（アディクション）に対しては未だ、コレ、という援助論はないものの、比較的多いのは自助グループである。このように手段としてグループが有効な場合があるので、当然、その意味で大学院生はグループアプローチを学んでおくほうがよい、と考えている。

参加するグループ選びは慎重に

とはいえ、一口にグループといっても、グループの基盤となる理論やグループ構成、参加の仕方などを考えると、千差万別といってよいくらい色々とある。そこにファシリテーターや参加者要因を考えると、グループ体験をしようとする院生に対し、その意欲には基本的には賛成であっても、参加するグループ選択には慎重に、ということを折々に伝えている。英国やベルギーでは、PCAカウンセラーの訓練コースではグループ参加が義務づけられているし、ロジャーズも訓練課程におけるグループの意義に気がついていた。

ならば、当然、グループ体験は必須ではないか、と考えるところだが、私はそう言い切る自信がない。私自身も参加者としてグループで苦しい思いをしたことは今でも覚えている。その傷にかさぶたが出来るのに長いこと時間がかかった。ファシリテーターから見たら一見"深い体験"と思えるような体験がメンバー本人には苦しい体験であることも多い。そこから成長体験が生まれてくることも、確かに見てきた。しかし、それはグループを通しての成長体験であって、成長に向けてそれ以外の通路もあるかもしれない、と考えるようになった。これもファシリテーターとしてグループに参加した体験からの学びである。

グループ臨床に限らず、他学派の理論もそうだが、もし、その方法を用いなかった場合の成長あるいは問題解決の可能性ということは、考慮さえされることがない。それを考えると、グループが必須と言い切ることは私には出来ない。

グループ参加への躊躇に目をむける

何年か前、北山修先生が心理臨床学会のシンポジストとして招いてくださった。精神分析における訓練分析に相当するものとして、ロジャーズ派はエンカウンター・グループを用いるのではないか、それを話して欲しい、ということだった。光栄な依頼だったが、自分の話は先生の期待に応えるようなものではなかった、と思う。私は、"ある人が「PCAの臨床心理士の研修としてグループに出るほうがよい」と助言されたとして、しかしグループ参加に対して躊躇

がある場合、その躊躇を振り切って参加することより、むしろ、自分のその躊躇に目をむけ、内省できることのほうが、自分を見つめることになる"という趣旨のことをお話しした。

　グループを臨床心理士養成の方法として位置づけるなら、それに対する躊躇や苦手意識などネガティブな感情を十分に受け止めてもらえたうえで、それについて、柔らかく内省が進み、グループが終了した後も少しずつ問題意識が続くようなものにしたい。しかし、このようにグループをオーガナイズすることは、実際には難しい面をもっている。つまり、参加したくないのだから、「参加しません」とその人が決めることだってある。そうすると、グループで内省が進むように、といっても、それは出来なくなる。

グループ体験は
グループが始まる前から始まっている

　その場合を考えると、「グループに参加してもよい」と思わせるような誘い水が必要である。臨床心理士の養成課程では、そのグループをオーガナイズあるいはファシリテートする教員の人柄や考え方、専門性を多少なりとも学生は既に知っている。したがって、「あの先生がファシリテーターをするグループなら、出てみようか」、あるいは「あの先生が薦めるグループなら、出てみようか」と思わせるような教員のあり様が決め手である、とさえ言えるだろう。

　そう考えると、臨床心理士を目指す院生にとって、グループ体験は、既にグループ体験以前から始まっている。グループ体験それ自身を成功・不成功と考える（これを私は"ＥＧ像志向的ＥＧ観"と名づけた〔中田，2005〕）のではなく、グループに参加するかどうかの決定を前にして、それにまつわる思いなどの体験過程の促進（感じられ、言葉にされる）が生ずるような人間関係を教員との間で体験すること自体がグループ体験である、ということになる。これを教員の立場から言うと、学生がグループに参加することそのものよりも、学生がグループ参加についての日頃の問題意識の質を向上させるような（つまり、学生が成長するような）場を教員がその在り方を通して提示しているかどうか、ということが問われる。

人と一緒にいることの体験

　では、院生にとってのグループ体験の目的として、上述したようにケースワークの手段を学ぶということ以外に、何があるだろうか？

　確かに、訓練分析に相当する作用があり得ることは認める。しかし、グループ参加に躊躇があって、参加しない場合もある。それはそれでよい。では、私が考えるグループの目的はというと、シンプルに、人と一緒にいることの体験である。

　今の若い人は個人・個性を大事にするように育てられている。結婚率の低下などの深刻な問題に見られるように、人と関わることへの苦手意識が相当に強い世代らしい。そういう人が今後、臨床心理士としてクライエントに関わるのである。クライエントも個人として生きさせられることに何らかの苦しみを抱えており、そのために対人関係あるいはコミュニティ感覚を志向する強烈なドライブが主訴や症状への対処行動として現れている。臨床心理士になろうとする若い人も、臨床心理士という対人援助職を選んだからには、対人関係やコミュニティについて何らかの複雑な葛藤をもっているだろう。クライエントを支援しつつ、若い臨床心理士自身もコミュニティにおける自分自身というテーマから目を背けるのではなく、何とか抱えられるようになる必要があるだろう。

　しかし、コミュニティ感覚はコミュニティの体験からしか生まれない。上述したように、グループ以前からの教員の雰囲気が大事で、コミュニティ感覚に満ちた大学院の通常の学業生活であれば、それそのものが既にグループ体験の始まりである。グループ参加という行動はしなくても、学業の場がグループ参加に関するフェルトセンスを伴った問題意識が高まるようなコミュニティであれば、その院生は、グループ場面を好むクライエントにも、そうでないクライエントにもゆとりをもって思いを遣ることが出来るようになるであろう。そのほうが、グループに参加することそのものよりも必須であると私は考えている。もちろん、実際にグループに出て深く分かり合う体験があれば、通常の学業生活のコミュニティ感覚以上の大きなものが得られることは多くの研究が示しているところである。

グループを必須と考えない人とも対話する場を

　"院生に「慎重なグループ選択を」と伝える"と上述したが、それがグループ体験における傷つきを避けて欲しいからでもあることは言うまでもないが、それだけではなく、たとえ傷つきまで行かないにしても、グループに違和感を感じるなどして、「グループだけはイヤ」「絶対参加しない」と考えるようになる院生をつくりたくないからである。これはいわゆる"引きこもり"と類似の、社会的場面からの回避的行動パターンであって、その院生は臨床心理士になる以前に、治療が必要な状態である。

　私がグループ体験を必須と考えない理由は、一つには、そう言い切る自信がないからであるが、もう一つには、グループ体験を必須と考えない人とも対話が出来て分かり合える場をもちたいからである。必須と考えない人は、その人なりの何らかの背景があるのであろう。そのような人とも交流したいからである。同じく、「グループはイヤ」と考える院生にも、何か背景があるのだろう。院生が教員に対してその思いを表現することを通して、グループ嫌いについての問題意識性が自然に高まるような人間関係の場を教員として提供できることのほうが、院生をグループに参加させることよりも重要であると、私は考えている。

　しかし、これも自分のエンカウンター・グループ体験から徐々に出来上がってきた私個人のスタンスであって、他の考え方もあるだろうと思っている。そのように自分とも意見の異なる色々な人と、少しでも相互理解できる関係を大事にしたいと考えている。

第 2 節
はじめてグループ体験をする人たちに
エンカウンター・グループをどう伝えるか

三國 牧子

はじめに

　私が初めてエンカウンター・グループを知ったとき、紹介してくれたファシリテーターに「エンカウンター・グループって何か」と尋ねると、「参加してみないと分からないよ」と言われた記憶がある。参加しなくては分からないものにお金を払って行きたいと思う人ってどの位いるのだろうか。

エンカウンター・グループの枠組み

　構成的グループエンカウンターとの対比から、エンカウンター・グループを非構成的エンカウンター・グループという人も多く、エンカウンター・グループには何の枠組みも構成もないと思われることがある。「エンカウンター・グループは何をしても良い場でしょ」と、聞かれることもある。エンカウンター・グループは、何をしても良いという場ではない。ルールはある。ある一定のルールや枠組みの中でメンバーが自由に過ごせるのがエンカウンター・グループである。
　エンカウンター・グループには、時間的な枠組みと場所的な枠組みがある。設定された期間に決められた場所に居ることが求められる。期間中、メンバーが同意したスケジュールで、同じ人たちと同じ空間を過ごすのである。複数のグループが同時に行われているときも、いったんグループを決めたら、グループの変更は原則として認められない。
　大海原に投げ出され、泳げと言われても、どちらの方角にどのぐらい泳げば

良いのか分からず、戸惑い、不安を感じるのではないだろうか。エンカウンター・グループは大西洋でも太平洋でもなく、プールのようであると思う。枠組みがしっかりできた中で「さあ、自由に泳ぎましょう」と言われている。終了時間がわかっているから、あるいは手を置いて休むことが出来る枠があることを知っているから、ちょっとその場に居づらくても「あと五分」と、思いながら、グループに居る人たちは我慢することが出来る。もし終了時間が分からなければ、あるいは終了時間が設定されているにも関わらず、そのとおりにいつも終わらないことが分かっていたら、我慢の状態にどのくらい身を置くのかが分からず、辛い思いをするかもしれない。少なくとも私は辛く思う。

ファシリテーターの役割

ファシリテーターは10人前後のグループに2人いることが多い。ファシリテーターはグループの中でカウンセラー的役割であったり、教師的な役割であったりする。ファシリテーターはメンバーやグループの状況に応じて、そのあり方を変えたり、変えなかったりする。これはファシリテーターがメンバーに対して嘘をついているのではない。ファシリテーターは、今のグループの状態、自分自身を含めたメンバーの状態を捉えようとし、その状態に対して、ファシリテーターが積極的に関わることが良いのか、あるいは見守る姿勢であれば良いのかを、察知する努力し、対応している。

沢山の人生を体験する場

グループのメンバーは自分の話をすることが多い。そしてエンカウンター・グループが終わる頃には、10人メンバーが居れば、10通りの人生を聞き、感じ、思いを分かち合うことが出来る。内容の濃い映画を10本以上観ているのと同じである。しかも出演者にその時の思いなどを聞くことが出来る。またその話から自分の事を振り返り、自分自身を主役とした映画が心のなかでたくさん上映されるであろう。

グループの短い期間中、多くの貴重な話を聞くことが出来るのがエンカウンター・グループである。その話に対して、メンバーは敬意を表し、聴いた話を大切に扱う責任があり、世間話として貴重な話をグループ外の人にすることはない。私は守秘義務の話をするとき、「人の話を大切に取り扱うルール」として伝えている。

おわりに

　エンカウンター・グループは、このメンバーで、このファシリテーターで、この場所、この時期に行ったから存在するプロセスがあり、気づきがある。別の機会に同じファシリテーターのエンカウンター・グループに参加しても、同じような経験はしないであろう。それは、ファシリテーターもメンバーも前回のエンカウンター・グループからさまざまな経験をし、変化し、成長しているからだ。

　エンカウンター・グループを福袋のように思うことがある。あるいは詰め放題の袋。その中に何が入っているかわからないし、どのくらい詰め込めるかもわからない。わかっているのは袋の大きさだけである。

第3節

大学院授業のメンバー・ファシリテーター両方の体験から学び合う

金子 周平

はじめに

　本稿で紹介する事例は、鳥取大学大学院医学系研究科臨床心理学専攻の大学院生や研究生を対象とした授業で行った構成的エンカウンター・グループ (structured encounter group) である。この授業の狙いは、パーソンセンタード・アプローチの基本的な体験学習である。全15回の授業うち7回分にあたる構成的エンカウンター・グループの他、本書の監修者でもある野島一彦先生（九州大学）をファシリテーターとした集中的なエンカウンター・グループも5回分の時間で実施している。

　学生がメンバー・ファシリテーター体験の両方を行う構造の狙い、学生の相互作用による学びを紹介することが本稿の目的である。また、学生をより深い体験学習に誘うためのポイントも考察したい。

グループの構造

（1）セッションの進め方と役割

　筆者の担当する10回の授業のうち3回は講義であるため、構成的エンカウンター・グループにあたる授業は7回である。セッション1は筆者がファシリテーターを担当し、学生は全員メンバーである。セッション2～7までは学生が二、三名ずつファシリテーターを担当し、その他の学生がメンバーとなる。筆者はセッション毎に、ファシリテーター担当の学生と事前打ち合わせを行う。また毎回のセッション後に全員が記入するセッションアンケートには、［ファ

シリテーターについて〕などの自由記述項目やセッションの魅力度（七段階評定）があり、筆者とその回の担当ファシリテーターがこれらを授業後に共有する。

（2）セッションのテーマ

テーマは予め筆者が指定した。セッション1が導入・自己主張、セッション2が自己表現、セッション3が自己理解・他者理解、セッション4、5が傾聴訓練、セッション6がテーマセッション（ファシリテーターの伝えるテーマで自由な内容を話す時間）、セッション7が信頼・協力である。

（3）ファシリテーションについてのシェアリング

90分の授業時間のうち、セッションは毎回60分であり、残りの30分をファシリテーターを主役としたシェアリングに使った。この時間は筆者が全体を進行し、メンバーにはファシリテーターへの質問やフィードバックを促し、ファシリテーターにはファシリテーションで悩んだことやエクササイズの意図、セッション中の自分の体験を話してもらった。メンバー、ファシリテーターの体験をお互いに共有し、体験を言語化して定着させる時間となっている。

構造の狙い

参加者がローテーションでファシリテーターを担当し、それ以外のセッションではメンバーとなる構造、またその後のシェアリングの設定は、いずれも本山・永野〔2008〕が提案したファシリテーター・トレーニング・モデルから取り入れたアイデアである。ファシリテーターは30分のシェアリング内でもメンバーからコメントを受け、セッションアンケート内でも記述コメントを受けとることになる。これらのコメントについては、筆者から「なるべくファシリテーターに対して優しくポジティブなもの」、「ファシリテーターがサポートしてもらえる、失敗しても受け入れてもらえると感じられるもの」と指定している。学生が安全感・安心感を持ちながらメンバーとファシリテーターの双方を体験し、立体的にグループとファシリテーションを理解することが、この構造の狙いである。

初めてのファシリテーター体験の感触

　この授業は同じ方式で二年実施しており、以下のセッションアンケートの記述などは二年分のまとめである。セッションアンケート［ファシリテーターについて］の項目をみると、ファシリテーター自身は「エクササイズ選びや進行方法における反省点や難しさ」、「緊張や焦りを感じたこと」などを書くことが多く、やや自己否定的な体験のまとめ方をしがちである。詳細は省略するが、セッションの魅力度も自分がファシリテーターを担当したときには無記入が多く（$X_2 = 18.70$、$p<.01$）、自分にとってのセッションの意味や体験の振り返りがしにくいことが考えられる。おそらくファシリテーター担当をした学生は、進行の手順や緊張感などに注意を向けてしまうのであろう。

ファシリテーター体験の支えあい

　セッションアンケートの［ファシリテーターについて］の欄にメンバーが書いた347個のコメントのうち、「肯定的な評価」を分類（KJ法）すると、① 教示やデモンストレーションなどの「明快な説明」、② ファシリテーターやグループの「雰囲気や印象」、③「進行の手際」、④ 雰囲気作りやエクササイズの準備などによる「促進的な場の設定」、⑤ 見守りなどの「メンバーへの配慮と尊重」、⑥「フィードバックや介入」、⑦ 多様性や役割分担などの「複数ファシリテーターの活用」、⑧ 上手さなどの「抽象的な感想・推測」となった。「　」内がカテゴリー名であり、コメントの多い順に並んでいる。コメントの80.12%が「肯定的な評価」であった。その他の「肯定的なメンバー体験」や「アドヴァイス」、「その他」を除いた「否定的評価」は3.75%であった。

　これは筆者が「優しくポジティブなコメント」と指定した影響であろうが、概ね支え合いながら安全なファシリテーター体験が出来ていると思われる。コメントの内容は、説明や進行の仕方などの基本的なファシリテーション機能や抽象的な感想にやや偏りがちである。

より深いグループ体験の学びに誘うために

　初めてファシリテーターを体験するグループでは、否定されず、支え合いができる安全な構造を維持することが第一であろう。そのなかで、わかりやすい教示やデモンストレーション、丁寧でテンポの良い進行方法を身につけることも必要である。しかし、徐々にファシリテーターの臨機応変な対応やメンバーへの配慮、メンバーたちに体験や気づきを促進させるフィードバックや介入などに注目できるよう誘っていくことが、グループの理解とファシリテーションの学びをより深めていくことにつながるであろう。

付　記
事例掲載を快く了解して下さった大学院生、研究生の皆様に感謝致します。

第 4 節

学びのプロセスを支え合う
—— 若手グループ臨床家の集い ——

本山 智敬

はじめに

　心理臨床家は、あらゆる領域で現場のニーズを探りながら、多様なグループ臨床を行っている。若手臨床家が現場に入った際にも、それまで継続されてきたグループ活動をすぐに担当することになったり、新たにグループを立ち上げるよう要請されたりする場合がある。試行錯誤の上でグループを実施してきても、それを立ち止まって振り返る機会は、残念ながら個人臨床と比べて圧倒的に少ない。また若手のうちは、グループ実践の過程で自分の未熟さに直面したり、「果たしてこれでいいのだろうか」と迷いが生じるものである。若手グループ臨床家の集いは、そうした状況に直面しつつも学びのプロセスを互いに支え合っていけないだろうかと、野島一彦教授の呼びかけを機に、筆者が仲間たちと行ってきた活動である。

行ってきたこと

　この集いは、日本人間性心理学会の年次大会の自主企画として、2002 年から 2007 年の間に計 5 回実施した。2 回目までは、自分たちの活動の様子を紹介したり、事例をもとに語り合ったりしたが、3 回目からは、次第に若手グループ臨床家としての「私」に焦点を当てるようになった。私たちはグループ実践のなかで何を大切にし、何を目指しているのか。あるいは若手である自分たちがグループのファシリテーションをすることにどのような意味があるのか。そうしたことを参加者同士で素朴に考えていった。そこから徐々に見えてきた

中心テーマは、ファシリテーターの成長についてである。

　この成長の仮説は、グループ体験を重ねることを通してファシリテーターが完全な人間になることを目指すよりも、「不完全な人間であり、自分の望み通りにいつも能力を発揮できるような人間でないことを受容」〔Rogers, 1961〕しつつ、グループのなかで等身大の自分を表現していくことで、人との出会いが生まれ、それがファシリテーターの成長にもつながっていくのではないかというものである。自分が望むようなファシリテーションができない若手であっても、その未熟さに誠実に向き合っていくことの重要性が、少しずつ明らかになってきたのである。

その後の展開

　5回の集いを続けている間に別の企画が立ち上がった。若手グループ臨床家のためのファシリテーター・トレーニング・グループである。

　このグループでは、いわゆるファシリテーション技術について詳細に検討するのではなく、上述の仮説に根ざした新しいトレーニングのあり方を探っていきたいという思いがあった。エンカウンター・グループをベースに、セッションごとに参加者が持ち回りでファシリテーターを担当するのが、本グループの特徴である。セッション後には毎回振り返りを行い、そのとき担当したファシリテーターが最も有益な時間となるような話し合いがなされる。

　本グループには、参加者それぞれのファシリテーター体験を皆で応援する雰囲気がある。一人ひとりが大事にされている。その風土に支えられて、その時の自分にとって大事だと思うことをチャレンジしてみたり、体験を言葉にしようと努力するのである。

　ここで新たな疑問が浮かび上がってくる。果たして自分たちは「ファシリテーター」のトレーニングをしたいのだろうか。グループを通して「私」が変わっていくことが、臨床家としての自分を変え、ひいてはファシリテーターとしての価値観や振る舞いを変えていく。つまりはそうした「私」をそこに出せるようなグループを模索しているのかもしれない。若手グループ臨床家の集いから始まった、互いの学びのプロセスを支え合う取り組みは、今後も形を変えながら続けていく予定である。

第5節

型から入り型から出る

高松 里

グループとの出会い

　大学三年生の時に、札幌で行われた四泊五日のエンカウンター・グループに出た。たまたま研究室（北大教育学部）に貼ってあったチラシを見たからである。本を読んでみると「最初は沈黙」などと書いてあって、どんなものか怖いもの見たさで出かけた。

　動機は軽かったけれど、結果は私の人生を大きく方向転換するものとなってしまった。このグループに出ていなかったら、カウンセラーになることはあきらめていた。その後北海道を出て、九州大学の大学院にも行かなかった。きっと北海道のどこかで仕事をしていただろう。

　エンカウンター・グループは生き方自体を変えてしまうような大きな力を持っている。ファシリテーターという存在にもあこがれた。だからあちこちのグループに出てみたし、自分もファシリテーターを担当するようになった。

グループの型から出る

　そうやって多分200以上のグループのファシリテーターをしてきたが、最近では、ほとんどファシリテーターをしなくなった。グループに興味をなくしたわけではない。そうではなくて、ファシリテーターという役割、あるいはメンバーからのファシリテーターに対する期待が、だんだん型にとらわれてきて、窮屈に思えるようになってきたのである。

　沈黙から始まるとか、なるべく切れ味鋭い言葉を発するために、心の奥底から発せられる一言のために感情を研ぎ澄ます、みたいなムードについていけな

くなっている。人は出逢ったらまず自己紹介をすればいい。職業を言ったっていいし、趣味は何ですか？ と尋ねてもいい。

　何だかそういうことがやりたくて、最初のセッションでファシリテーター二人でギターを弾いて歌ってみて顰蹙を買ったりした。セッションの最初に何も言わなかったら、「なんで『今から始めます』と宣言しないのか」とメンバーから文句を言われたこともある。「では今から始めましょう」というと、みんな急に静かになって腕組みをして瞑想にふける人がでてくる。いかにもわざとらしい。どんな形があってもいい。もちろん瞑想だっていい。だけど、「それがエンカウンター・グループなんだ」と言われれば、「いや、やっぱり違うでしょう」と私は言いたい。

　ここ数年、九重のエンカウンター・グループ（四グループ編成）では、スタッフの一人であるのだけど、小グループに入ることを止めて、ロビーで喫茶店みたいなことをやっている。「ライ麦畑のキャッチャー」のつもりである。メンバーもファシリテーターも、もっと好き勝手ができるように応援をしたいと最近は思っている。

基本を学び、自由に動く

　日本の伝統芸などもみなそうだが、ファシリテーターになるためには、ある程度基本を学ぶ必要はあるのだろう。経験を積み、グループや自分自身の感覚に対する基本的な信頼感が出来てきたら、少しずつ自由に動けるようになってくる。

　先の展開が全く読めない、という場面から、新しい「出会い」が生まれる。そのためには、自分自身あるいはメンバーの期待を裏切り続ける「変なファシリテーター」として、グループに存在し続けることが大事なのだと思う。

第6節

フォローアップ・インタビュー

インタビューで本章をふりかえります。〔話し手：野島一彦／聞き手：髙橋紀子〕

できるだけ院生と話し合い、自主的に決めてもらう。

―― 先生が院生にファシリテーター養成をするとき、決められたパッケージがあってそれを院生にさせてるというんじゃなくて、毎回事前に先生と指導を受ける院生で話し合っていますよね。

野島　これもね、こちらから提示して、これでいくぞというほど僕も事態が見えてない。僕がスーパーファシリテーターであれば、これでいくぞというかもしれないけど、僕もやりながら考えるタイプだから。
　それに、毎年やってますけど、一つは、参加する学生のメンタリティがかなり違うと思うんですよ。自発性が高くて活発な学年もあれば、非常にナイーブな学年もあれば、だからこちらが養成しようとする院生も、髙橋さんみたいなタイプが多い時もあれば、そうじゃない人が多いときもある……ということで、参加するメンバーと養成しようとするメンバーとファシリテーター、これはもう人間やからこう様相が違うので、そういう意味でその両方の様相も見ながら調整していくためには、やっぱり話し合いながらメンバーとファシリテーターの様子を見ながら軌道修正していかないとね。これはもう、そうするしかないというか。物の生産であれば設計図つくってそれで作れと言えるけれども、人間だからね。

―― 私もファシリテーターのトレーニングを受けている過程で、毎回ことあるごとに先生のほうからこちらの意見や考えを聞いていただいていた気がします。ペアファシリテーターのときも、確か組む相手は選べましたし。

野島　そうです。基本的には院生たちの自発性で決めてもらうことにしてます。

―― そんなふうに、トレーニングを受ける側が自分たちで選んだり、その都度先生と話をする機会がどんどんシステムの間にありますね。でも、この本を読んだ方が、形だけをそのまま使ったら、それは危ないんじゃないかとも思うんです。

野島　危ないですね。形だけ使われればね。今おっしゃってくださったみたいに、実際にユニットの枝をつなぐ糊のつながりは、そういう話し合いとかやってるわけだ

けど、そのへんは確かに本とか論文には書きにくいところですよね。そのユニットをつなぐ糊の部分が実際はこうやっぱり……エネルギーを使ってるんですよ（笑）。

―― 気も遣うでしょうね……。たとえば、ファシリテーターのトレーニングを受ける人が5～6人もいて、1人は頑張りたいけど、後の5人ぐらいはイマイチ乗り気がしないというとき、どこにどう標準を揃えるかとなるとかなりむずかしそうで……。

野　島　むずかしいですね。これは始めてみて数週間やってみて、彼らの発表なりを聞いてみて微調整していくことになりますよね。

―― 研究会で発表とか、彼らのスーパーヴァイズとかじゃなくて個別に指導することはあるんですか。

野　島　いや～個人はね、よっぽど本人から申し出がない限りはこちらから呼びかけてやることはありません。

―― そこが逆に大事な気がします。ほどよい距離感が保てて。

グループのことはグループで扱う

野　島　そうですね。個人を呼び出してというのはないけど、しかし少なくとも自分の担当したケースはエンカウンター・グループ研究会で必ず発表させるし、皆でディスカッションするということになってるから。まあ個別には呼び出しませんけど。研究会っていう場には必ず呼び出します。

―― グループのことはグループで扱うというかたちが一貫してますね。

野　島　そうそう、グループのことはグループで扱う。それからやっぱりこのグループで扱うことの良さは、つまりね、僕が特定の院生とだけやると、ここだけしか介さないけれど、エンカウンター研究会で例えば5グループあって、その内の1グループを一時間半かけてやるんですけど、これについて色々やりとりすることは、他の4つのグループの人もそのやりとりを見て触発されたり見えたりするし、グループの効果ですよね。

―― そうですね。そうなってくるとこう単独でというよりも副次的な効果が期待できるという。

第4章　学びのプロセス、そして学びを活かすプロセスの多様性

野島　数倍の効果だと思います。

ヴァイジーの体格を見立てる

——　先生はスーパーヴィジョンをしたり、実際に院生の教育をするときにもケースに対してコメントする機会が多いと思うんですが、スーパーヴァイザーとしてケースにコメントをする時、気を付けてらっしゃることとか大事にされてることとかありますか。

野島　基本的に僕はスーパーヴィジョンで考えてるのは、担当者がスーパーヴィジョンを受けることで、僕の言葉で言うと見立てと手立て、つまりグループ理解とか個人理解に対する目、見立てが養われる。個人なりグループに対して自分がどのように介入するかという手立て。このヴァイジーの見立てと手立ての能力を高めていくということです。スーパーヴィジョンを受けることで自分のグループに対して安定感をもってやっていけるようにするというのが、一つですね。

　もう一つは、いつも僕は相撲の例えで言うんだけど、相撲もこの巨漢で、体重が重い相撲取りの人と細くて俊敏な人といて、それと同じでヴァイジーも、まあ心の体格というと、こう肥満型の方と細長型の方といるわけですよ。

　そうすると、肥満型の人に俊敏に投げ技でパッパッと決めろと言ったら、これダメであって、これは押しとか何とかでいくのが良いわけです。小さい方にとにかく自分の体重で押しきれって言ったら、そりゃ押しきれないし、むしろスピードで勝負するしかない。

　それと同じでヴァイジーも僕の目から見ると、肥満型タイプと俊敏タイプの方がいて、それぞれが活きる形のコメントをしていくというわけです。だからヴァイジーであれば、どのヴァイジーに対してもいつも同じコメントをするわけじゃなくて、肥満型の人には右からいったら良いんじゃないと言うし、痩せてる人には左からいったら良いんじゃないと言うし、あるいは正反対のことを言うかもしれません。

　要するにヴァイジーの特性にこちらの見立てと手立てが必要なんですね。だから僕はヴァイジーを見立てと手立てするし、ヴァイジーは自分の担当するグループを見立てと手立てするし、基本的には見立てと手立て、この二つをいかにやっていくかじゃないんですかねえ。

——　たぶんそのヴァイザーの方がヴァイジーの心の体格を見立てるというのが、すごくむずかしいところで、ポイントでもあるんだろうなあと思います。先生はどういう風にして見立ててらっしゃるのでしょう。

野島　見立てと手立て、これはもう個人のセラピーのセラピストもそうなんだけど、グループのファシリテーターもね、僕は鈍感型と敏感型とに分けて……。

—— 鈍感型。なんだか身も蓋もない感じ……(笑)。

野島　(笑)鈍感型・敏感型というと何となく、鈍感型が悪くて敏感型が良い感じじゃないですか。ただこれ鈍感型・敏感型っていうのを裏返すとね、鈍感型は安定型なんです。で、敏感型は不安定型なんですよ。というと、これだいたい多くの方は安定型が良いって言うじゃない。だからつまり事態は同じであっても、表から見ると鈍感／敏感、裏から見ると安定／不安定で二つあって、そしてこれは仕方ないんですね。

相撲取りで言うと体重200kg近い人は100kg近い人になれって言っても、そらぁ難しいものだし、100kgの人が200kgになれって言ってもそらぁ難しいんだし、もう自分の特性を認めて動くしかないんだからってことで、極端にいうとこの二つの視点があります。

鈍感型の人には安定はするんだけど、鈍感ゆえに細かなところが見えてないところがあって、微細さが落ちたりしますから、そのへんで目の付け所なりをコメントしたりします。

不安定型の人にはね、なんかよく見えるんですよ。つまり敏感だから見えてね、見えるがゆえに自分で自分が不安定になりやすいね。そういう意味でこの敏感型の人には「まあ大丈夫よ。」「そこんところはどうにかなるよ。」とか言う。敏感型はよく斬れる刀みたいなもので、自分で自分を傷つける恐れがあり、自分で自滅していくタイプでもあるから、そこは鷹揚に「まあまあ大丈夫。」と言えば良いし、鈍感型の人には「もうちょっとちゃんと見たら」とか「このへんはこんなことじゃない。」と言ったりします。

—— その敏感型と鈍感型というのは、普段の性格というか有り様を先生は見て、見立ててらっしゃるんですか。それとも話されるケースの様子から見立ててらっしゃるんでしょうか。

野島　院生の場合は両方ですね。日常生活でも見てますし、それからあとグループの中で動いてる様子を見ます。それから学会等でスーパーヴィジョンするとか面識がない人の場合はその場でのやりとりをアセスメントするしかないですよね。

—— そういう意味では普段の様子を知っている院生の方がアセスメントをするのはしやすい。

野島　そうだと思いますね。やっぱり情報量が少ないよりかは多いほうが良い。

　　　スーパーヴィジョンでは、体質ではなく体格を見立てる。

—— 先生がおっしゃる見立てというのは分析の人が言う見立てとは違いますよね。

野島　要するに相撲取りとしての体格がどうかという見立てであって、どうしてこの人はこんなに肥満になったとか、そこのところは問題にしないです。ただ一方で適正の体重というのもありますし、それをどう管理するかとなると、体質みたいなものも出てきますよね。この体質の改善は、やはり教育分析なりセラピーなりでと思うんですよ。だから僕は体質改善をやるというところまではスーパーヴィジョンで扱わないんだけど、体格をベースにして関わるというところはやる。セラピーはある意味で体質のところを変えていきますよね。

―― そうですね。たぶんグループのスーパーヴァイズを指導教員がやるということを客観的に見聞きしたら、先生が院生のパーソナリティまで深入りしている印象を与える可能性もありますけれども、そうではなくて先生はスーパーヴァイズをする時は、その体格の部分でコメントされることで、その役割というか距離を確保していらっしゃるということですね～。

野島　意識してやりますねえ。でないと、そのパーソナリティの体質の問題には僕は距離が近すぎて指導教員にはできないと思います。

―― そこの線引きっていうのはキャンディデートの方が不安定だと思うので、スーパーヴァイザーの方が間合いを図るというか、そこが大事になってくるんですね。

野島　そう。こちらが深入りしないことが大事でしょうね。

第 5 章

その人の生き方につながるものとしてのグループ臨床

第1節

私とエンカウンター・グループの関わり

野島 一彦

心理臨床家を志したきっかけ

　まえがきでも述べたように、エンカウンター・グループは、心理臨床の一技法ということを超えて、人間としての「生き方」につながるように思う。そこで、本章では、その「生き方」につながるものとしてのエンカウンター・グループを考えるひとつの例として、私とエンカウンター・グループの関わりについて触れることとする。
　まず、私自身がそもそもカウンセリングにどうして関心を持ったかということから振り返ってみたい。
　私自身は、中学時代・高校時代は、テレビでかっこいい弁護士を見て、将来は弁護士と思っていた。そして、弁護士志望でずっと勉強してきて、高校三年生、いよいよ大学受験の年になって、弁護士を考えていた。ところが受験雑誌に、九州大学の教育学部で日本で最初に"カウンセリング"と銘打った講座ができるらしいということが掲載されており、心惹かれた。
　とはいえ、ずいぶん迷った。法律という形で社会に貢献していくか、あるいは心そのものを扱うという形で社会に貢献して生きていくか……。最後の最後まで迷って、教育学部でカウンセリングを受けるということを選択した。
　そもそも、弁護士になりたかったということで、非行や犯罪の問題に関心があり、大学の学部では、"非行少年の研究"という卒業論文を書いた。今でも非行や犯罪への関心は、私のなかで続いている。

ロジャーズさんの人間観との出会い

1966年はいわゆる学生運動の時期であった。私の大学時代は、ほとんど講義室で勉強するということはない世代で、九州大学にはジェット戦闘機が墜落したり、佐世保にエンタープライズという空母が来たりということで、私の学生時代は学生運動の時代だった。そのなかで、学生としては、権力を持つ者が弱い者を力で押さえつけるということに対して、学生がある意味で「No」と言うことを主張していた。

そういう流れのなかで、たまたま伊藤博先生の『カウンセリング』という本のなかでロジャーズさんのことを知った。ロジャーズさんも、人間観・社会観は、力ある者が力ない者を力で押さえつけていくというというよりは、人間はそれぞれ成長する力があるとか、人間というのは力関係というよりは信頼関係が大事なんだということを書いておられた。そのロジャーズさんの考えに触れたときに身震いがしたのを覚えている。

自分が置かれている状況のなかでは、力ある者が弱い者を力で押さえつけている。機動隊が学生を力で排除するというように「力」に日常的にやられている世界のなかで、ロジャーズさんの考えに触れて、非常に感動したのである。それをきっかけに、私はロジャーズさんを非常に好きになった。

村山先生との出会いから
エンカウンター・グループの道へ

それで、自分としてはロジャーズさんのカウンセリングを学びたいということになったのだが、その当時、教育学部にはクライエント・センタードの先生はおられなかった。当時、私がついていた先生は、前田重治先生という精神分析の先生だった。その前田先生に「自分はロジャーズが好きなんだ」という話をしたところ、前田先生は「自分はロジャーズのことはよくわからない。ただ、九州大学の教養部という全学教育のセクションに村山正治先生がおられるので、私が紹介するから、行って勉強してきなさい」と言われたのである。

それで、大学院に入って、村山先生のところに行った。私としては、クライエント中心療法のカウンセリングを学ぶつもりだった。ところが、村山先生は、

「エンカウンター・グループ」「エンカウンター・グループ」とおっしゃるわけである。

1970年は、日本で最初にエンカウンター・グループが行なわれた年でもあるし、クライエント・センタードの流れのなかでは、個人のカウンセリングよりは、どうも、エンカウンター・グループというのが今トピックらしくて、みんなこの関係者はそこに乗ってるらしいということがわかった。

それで私も1970年に、エンカウンター・グループに院生として参加してみた。参加してみると、やっぱりエンカウンター・グループというのは良いなと思って、修士論文を1972年に「エンカウンター・グループの臨床心理学的研究」という形でまとめることになった。

このように、エンカウンター・グループとの出会いは、1970年に、たまたま村山先生のところに行って、エンカウンター・グループということが大事だと教えてもらったことが出発点ということになる。

エンカウンター・グループでの傷つき体験

1970年からエンカウンター・グループにコミットしたのだが、初期の数回目の経験で、私は心理的損傷体験をするということがあった。

エンカウンター・グループに魅力を感じて、実践と研究をやりたいということで、私はあるエンカウンター・グループのなかで、院生として実践と研究に関心があるので、このエンカウンター・グループをテープ録音させてくれということで申し出た。そうすると、一応OKということになった。しかし、何セッションか経ってから、数名のメンバーから、「どうも君のグループへの居方は観察者的・研究者的である」と、そして「それは、研究という姿勢があって、そういうことになっているんじゃないか」と。「だからもう、この録音しているテープも消せ」という形で、数名のメンバーからワーと攻撃された。

グループのあと、非常に人と会うのが怖くなり、憂鬱になり、ディプレッシブな状態になった。心理学的損傷体験をしたのである。

そして、あとでずっとエンカウンター・グループの研究をやっていて自分のなかで見えてきたのは、振り返ってみると、やっぱりグループがいまいちうまくいっていないときに、院生でテープ録音をしていて研究者志向でというと、

どうもあいつは気にいらないということになって、攻撃されたような感じだったかと思う。

はじめてのファシリテーター体験

　そして修士一年生の1971年の3月に、九重のエンカウンター・グループで初めてファシリテーターをするという体験をした。ちなみに、日本のグループのなかでは九重のエンカウンター・グループというのが一つの原点になっているが、私もここでずっと育てられてきた。
　残念ながら、この九重のエンカウンター・グループは2011年の12月でピリオドを打つが、ここでは四泊五日のロングランの本格的なエンカウンター・グループをしている。この九重のエンカウンター・グループで初めてファシリテーターをして、その後、正確には数えていないが、おそらく通算で160回くらいのエンカウンターのファシリテーターをやってきたのではないかと思う。
　院生のときにそういうグループ体験をして以来、いろんなグループのファシリテーターをしたり、メンバー体験をしたり、畠瀬稔先生のグループに出たり、畠瀬直子先生のグループに出たりと、いろんな方々のグループに出るという体験を重ねた。

ラホイヤ・プログラムへの参加

　その当時、ロジャーズさんがサンディエゴのUCSBで、17日間のエンカウンター・グループを行うという「ラホイヤ・プログラム」というのをやっておられた。それで、日本でのプログラムはいろいろ体験したけれども、"本場のエンカウンター・グループって、どうなんやろう"ということで、関心を持った。
　博士課程の二年生の1974年に、バイトでお金を貯めて「ラホイヤ・プログラム」に参加する機会を得た。このとき初めてロジャーズさんとも間近に接してということになった。

「ラホイヤ・プログラム」はその当時は 17 日間というロングランだった。そこでは一つは、コミュニティミーティングということで、100 名くらいの世界各国からの参加者がいたのだが、全体会が午前中にあった。
　そして午後には、一つはスモールグループということでエンカウンター・グループのセッションがあった。もう一つは、参加者が「この指止まれ」と、「今日はリラクゼーションのワークをやるので、希望者は集まれ」という形でボードに書き出して、希望者の方がそれに参加するという、そういうインタレストグループと呼ばれるものをやっていた。このコミュニティミーティングとスモールグループとインタレストグループの三つが軸になって一日が終わっていく。そしてこれを 17 日間やるということだった。
　このプログラムのなかで思ったのは、日本のエンカウンター・グループは、三泊四日とか四泊五日とか、スモールグループをびっしりやるということに対して、このラホイヤ・プログラムは、スモールグループは 17 日間の部分的なプログラムらしいということで、日本とだいぶ違うことを知ることができた。
　そして、日本のエンカウンター・グループでは俗に言う「沈黙」が比較的多いが、ラホイヤ・プログラムはほとんど沈黙がない。その違いも感じながら、一応本場のエンカウンター・グループを体験をしたということで、なんとなく、そんなにコンプレックスを持たなくても、日本のグループは日本のグループでやっていけるんだなという感じで帰ってきたわけである。

看護学校でのベーシック・エンカウンター・グループの実践

　1980 年から某私立大学に就職した。そこの付属の看護学校が、宿泊型の三泊四日のベーシックなエンカウンター・グループをやるということになった。大体 40 名前後の学生がいるので、三、四グループ同時進行でするのである。それを 1982 年からずっと毎年 2008 年まで二十年以上に渡ってやってきたが、このグループはまたまた、ベーシックエンカウンター・グループで、宿泊型エンカウンター・グループで、という形で、私の実践と研究には大きな影響を与えている。
　ちなみに、この看護学校のグループのなかでのデータを使って、私の博士論文をまとめ、それから関西大学の中田行重先生もここのグループを中心に博士

論文をまとめた。いま鹿児島大学の安部恒久先生もここのグループを中心に博士論文をまとめた。最近では福岡教育大学の坂中正義先生もこのグループを中心に博士論文をまとめたということで、この看護学校のグループからは、博士論文が少なくとも五本は生まれている、非常に実践と研究が濃密なグループということになる。

臨床心理士養成の大学院

　私にとって、エンカウンター・グループとの出会い以後、大きな転換点は、1996年から九州大学にかわったというところである。それまでは某私立大学では教職課程を担当しており、臨床心理士を養成するコースではなかった。ところが、96年に九州大学に移ったその年に臨床心理士養成の指定大学院の第一号に認定された。そういう意味で、大学院生を抱えて臨床心理士を養成するというミッションを持つ立場に置かれた。

　そこで、私としてはグループが好きなので、1996年以降、授業自体をエンカウンター・グループでやるとか、それから授業にティーチング・アシスタントで院生にコミットしてもらってファシリテーター養成をするという形をとって、1996年以後、このファシリテーター養成にかなり力を入れてということになった。

　この1996年が一つの大きな転換点になっているかと思う。そして現在も、エンカウンター・グループをまだまだしつこくやっているということになる。

PCAイメージの呪縛からの解放

　通常は、エンカウンター・グループとは一つの心理学的アプローチの技法という捉え方もあるが、私の人生の文脈のなかでは、学生運動のなかで体験したパワーの問題あたりとからんで、エンカウンター・グループというのは、自分の人生観や社会観・世界観とからむ形で展開してきているというのが、一つの関わりの特徴と思う。

また、村山正治先生のところでカウンセリングについて話をしていただいた時に、村山先生が実際にやっているケースのテープを貸してくださった。私が驚いたのは、伊藤博先生の本を通して知ったロジャーズさんのカウンセリングというのは、いわゆるノンディレクティブ・カウンセリングと呼ばれる形で、非指示的ということが中心ということがイメージだったのだが、村山先生の実際のケースのテープを聴くと、よくしゃべっている。「うーん」とか「なんとかですね」という応答だけではなく、理屈的に言うとカウンセラーの自己表明みたいなことを大事にされていて、ジェヌインネス（genuineness）の問題だと思うが、あまり型にとらわれず、カウンセラーは自分のなかで起こっていることを率直に話したりしてインタラクションしていた。
　クライエント・センタードといったら、誰もがイメージする悪しき一つのイメージがあるが、あれが本物だと思っていたけれど、どうもそうじゃないらしいということで、実際の村山先生のテープを聴いて、変な呪縛から解き放たれたような感じがした。
　クライエント・センタードのカウンセリングというと、形の問題だけではなくやはりクライエントの成長力への信頼というところと、カウンセラー側の態度として俗に「三条件」といわれる態度があるが、この態度は、人さまざまだと思う。
　比喩的に言うと、例えば相撲で上手投げというのがあるが、私の好きな地元の魁皇の上手投げも、白鵬の上手投げも、高見盛の上手投げも、上手投げというカテゴリーでは同じだが、実際に見ると、やはりタイミングとか技の切れとかスピードとかが全然違う。そういう意味で、ロジャーズの「三条件」も、たしかに正しいのだが、Aという人が繰り出すXという技と、Bという人が繰り出すXという技は、見るとやはりだいぶ違う気がする。
　相撲とりは自分の体格・体力に合わせた取り組み方をするしかない。背の小さい型はスピードで勝負するしかないし、大きい方はスピードに体がついていかないので自分の体を使っていくしかないというかたちで、人は自分の持っている心の体格・体力に合わせた取り口をするのが、一番その人らしさが出ると思う。そのような意味で、クライエントセンタードも、基本的なコンセプトは同じだとしても、実際の有り様は人によって違うのだろうと感じる。

第1節　私とエンカウンター・グループの関わり

第2節

フォローアップ・インタビュー

インタビューで本章をふりかえります。〔話し手：野島一彦／聞き手：髙橋紀子〕

野島先生の「厳しさ」について

—— 野島先生のグループの特徴を三つのキーワードで表すとしたら何でしょうか。

野島　僕のグループには、「安心感」と「信頼感」と「厳しさ」があると思います。「厳しさ」は入ると思いますよ。僕ってけっこう厳しいところもあるから。思ったことを比較的はっきり言う癖があって、だからそういう意味で、心地よい甘い砂糖だけではなくって、時には「ちょっと……」ということがあるという意味での厳しさですね。別にいじめるという意味ではなくて……。

—— その「厳しさ」というのは、「はっきり言う」という意味ですか。

野島　はっきり言うというか、僕はロジャーズが好きでPCA的ですから、かっこ良く言うとgenuinelyを大事にするということですね。自分のなかで思ったこと感じたことと、言葉で出すことはできるだけずらさない。ただこれは、自分のなかでのことを全て言うという意味ではなくって、言葉にする時には言葉にしたことと僕が感じたことがちゃんとつながっている言い方をする。個人セラピーではたぶん皆さんそうだと思いますけど、クライエントさんと会っていて、僕のなかでは比喩的に言うと十ぐらい連想が浮かびます。でも十全部は言いません。そのなかの一番適切な一つを選んで言うわけです。本当に起こっていることしか言わない。

—— 先生の厳しさというのは、言葉にして伝えるべきところは伝えるということなんですね。

野島　そうです。率直に語るから、そこが厳しいのかもしれません。

genuineのもつ厳しさ

野島　別の言い方をすると、もう院生の中では「3直（さんちょく）」と呼んでおりますけど、僕がグループで大事にしていることは、その人が自分で自分に正直であるこ

と、人の話は素直に聴くこと、それから自分のことを語るときには率直に語ることっていう、この「3直」を大事にしているから、まあ僕のグループは「3直」がキーワードかもしれない。

――「厳しさ」というより「3直」

野島　正直・率直・素直は僕ハマッていて、教え子の結婚式では必ずしゃべることにしてるんです（笑）。これをロジャーズの3条件と対比させると、正直であることと率直に語ることは〈genuine〉なんですよね。それから素直に聴く、これは〈acceptance〉なんですよね。

―― そうですね。〈genuine〉というのは人によっては厳しさを感じたりする部分もでもあるということですよね。

野島　その辺が、ある意味でこちらが〈genuine〉で思ったことを素直に語るという場合に、これは共感的理解に関わるのかもしれないけど、やはりこちらだって、闇雲に思ったこと言うわけじゃなく、先ほども言いました通り、十ぐらい連想が浮かんだうちの一つしか語らないわけです。この一つを語るときというのは、相手と自分との関係性のなかで「やっぱりこの方にとって、今はこの言葉を伝えることがこの方にとって役に立つ」という見通しがあってやるわけです。だから率直に語るという場合は、やっぱり相手との関係性のなかで「どう言ったらどうなるか」という見通しを立てるという意味では、やはり共感的理解につながるんだろうね。
　そう考えると、正直・率直・素直というのがロジャーズの3条件とつながるように思いますね。無条件性は先ほどの〈acceptance〉と同じカテゴリーですし。

「共感しました」なんて表現、僕は恐ろしくて使えない

―― 無条件性とか共感というよりかは、正直・率直・素直と言ったほうが、日本人には理解されやすいかもしれないですね。どうも「共感」と言ってしまうと、何でも同意すれば良いと誤解されてしまいがちで……。

野島　そうそう。共感と同情とが混同しますから。よく「共感しました」とか言いますけど、その「共感しました」という言葉は僕は恐ろしくて使えなくて。

―― ロジャーズの本でも確か、他者と完全に同じことを感じることはできないんだっていう事実を前提に「共感」について書かれていますね。

野島　本来これは、empathic understanding、つまり共感的理解とワンセットに

なっているんです。普通、共感だけを取り出してますけど、empathic understanding では understanding の方にウェイトがあると思います。だから相手を理解する前に、あの相手が感じているであろうこととほぼ同じように、こちらが感じ取れるというのが「共感的理解」。「理解」なんです。理解も共感的に相手をそのように理解するのもあれば、あるいは一つの理論枠で理解する。例えば精神分析で今こういう気持ちを向けているのは転移だと、転移という形で理解することは、理論枠での理解です。

―― 対比するとわかりやすいですね。

野島　だから共感的理解は、ほんとに俗に言うありのままにそのまま受けとめるという感じで自然に何も加工せずに相手のことをわかるということで、やっぱり転移ということで相手の関係を理解するというのは通常、日常生活ないですよね。小学生、中学生が転移・逆転移とかそういう言葉では会話しないわけだし、そういった一つのトレーニングを受けた人から見ると、そういう風に見えるというか……。

―― そうなってくるとトレーニングを受けた人が、だからこそ見えるという見方とは違って、一般の人だったり普通の生活人としての見方を大事にしながら理解するというのが共感的理解となるのですね。

<h2 style="text-align:center">エンカウンター・グループは
クリエイティブプロセスだから好きなんです</h2>

―― エンカウンター・グループは人生の縮図でもあるとありました。先生は、エンカウンター・グループの中に人生を見てらっしゃるんですね。

野島　食べ物でいうなら、エンカウンター・グループって、ご飯みたいなもんなんですよ。ご飯ってほら、お米のご飯を日本人は食べて、もう飽きましたって言わずに死ぬまで食べるじゃないですか。そういう意味で僕のエネルギーを得るご飯みたいなもので飽きないんですよ。
　好きかと言われると、よくわかんないんだけど、先日「エンカウンター・グループと私」という題目で話をしたときに、自分で意識化して思ったのは、どうもエンカウンター・グループってのは僕は三つの点で好きなんです。
　まず、エンカウンター・グループって、クリエイティブプロセスだと思うんです。つまりプログラムがあって、プログラムセンタードがあったら、プログラムがあってそれをいかに学習するかですけど、エンカウンター・グループってもうプロセスしかないんだから、人間のプロセスってね、例えばＡさんの人生のプロセスとＢさんの人生のプロセスと同じじゃなくって違ってるわけだし、だから僕のプロセスも10代のプロセスと20代のプロセスと今の60代のプロセスと違うわけだし、それと同じよう

にエンカウンター・グループはねクリエイティブプロセスだから、つまりは何をコピーして学習していくというよりかは、絶えず創造的にプロセスをつくりながら進んでいく、そこが人生そのものですよね。人間の人生もそうだし。

そして僕はクリスチャンということもあって、神様のこと創造主と言うんです。そして、創造主の神様がこう人間の歴史を終末に向けてクリエイトしているっていう考え方があります。そう考えると、一つ一つグループがあって、終わりがあって、クリエイティブなプロセスを絶えず生きている。クリエイティブなプロセスを生きているのがグループなので、そういう意味じゃ飽きない。つまり同じ映画をずっと観るのとは違って、ひとつひとつが新しい映画なんですよね、グループ体験って。

グループ体験をすると
違う価値観の人とも共存できると希望が持てる

野島　もう一つは、異質性の共存。エンカウンター・グループっていうのは何か最初はお互いにわかり合いたいと思って頑張るんだけど、なかなか人ってわかり合えないところがあったり人の考えは変わらないところがあったりなんですよ。だから最初はわかり合えて同じようになりたいと思うんだけど、結果的にわかり合えない、違うところが残る。そこで違いが残ったときに、相手を支配して「俺の言うとおりにせぇ」って強制的にする方法もあるんだけど、エンカウンター・グループはそうでなくて、違いを認めつつ共存するということをグループはやるようなもんですよ。

つまり、「あなたと俺は違うからこれ以上許せん、もうグループは終わり」という形で決裂ではなくて、違うけれどもなんとか最後まで共にいられるにはどうしたら良いかという、価値観とか考え方とか感性の違いといった異質性の共存という社会観、世界観とつながっている。今アメリカの自由主義の陣営もあれば、中国みたいな政治体制もあれば、けれどもこれもアメリカと中国は違うけれども一方が一方を支配して、全部統一するというよりかは違いを認めて今、世の中にある。共存してますよね。

宗教の世界でもイスラム教とキリスト教は全然違うんですけど、でもこれで昔は宗教戦争で一方が一方を抹殺しようとしたんですけど、今の時代は宗教もお互いの違いを認めて共存することを求めてますよね。世の中、社会、歴史には異質性の共存ということも求めて動いてきているように思うし、これを認めないと戦争という形で殺しあうことになるしということで、エンカウンター・グループは異質性の共存というドラマを展開するわけですよ。違うけれども殺しあわなくても生きていけるじゃないかって。

こういうグループ体験をすることは世界の違った政治体制、違った宗教の人がいても、我々は共存できる希望をもつことにつながると思う。

人間は基本的に違うのだから
摩擦が起こるのは自然なこと

—— そうですね。それでいくと先生の「発展段階仮説」は段階Ⅲが否定的感情の表面なので、異質性に気づくのはかなり早い段階にあります。あとはどうやって共にいるかということに、ほとんどの時間をつかうともいえますね。

野島　やっぱり否定的感情の表出は大事なんです。というのも、人間は基本的に違うんです。違うものがぶつかれば、摩擦が起こるのが自然。そこで真面目に摩擦が起こってコンフリクトをひとしきり体験しないと、異質性の共存ということのパワーは出ない感じがするね。やっぱり最初は自分と違う考え方というか、そんなのは気に入らないし嫌だという形でお互い潰し合うような否定的なことをやるんだけど、そしてそういう形でかなりギリギリお互い対立してぶつかり合うことがあってね。

　自分の言葉でぶつかり合うと、人間って、エネルギーが生まれるんです。で、ここでエネルギーが生まれたあとに相互信頼の発展になる。ドロドロを経過した後にまとまりがくるとね、良いまとまりなんですけど、このドロドロがね、あんまりきちんとドロドロしないままで、あ〜お互い違うなと、な〜な〜でまとまるとグループが展開しにくい。

—— お互いの異質性に気づいて、それでもやっていこうというするまでのプロセスというのは、小手先のスキルでは乗り切れない気がします。

野島　一口に言うと本音のぶつかり合いだと思います。人間てニコニコする時は内心そう思ってなくたってニコニコできますよ。例えば営業の仕事をしている場合、腹が立っても怒ったりできないから、腹の中はアレだけど、一応にこやかに話を進めますよね。ニコニコするのはけっこう我慢して演じられる。でも、怒るというのは演じるというより、人間は腹が立ったら本当にぶつかるから、その時はやっぱりどうしても本音が出る。ニコニコしている時はかなり演技でカバーできてても、そういう意味で「否定的感情の表出」というのはお互いのネガティブの部分をぶつけ合うことで本音と本音がぶつかり合う。これをやらないとね。

自分で自分の道を拓くのだという意識を

—— では、最後に若手の心理士に対してメッセージをお願いします。

野島　もう僕も60過ぎだし、日本の心理臨床をずっと大先輩達から我々の世代も頑張ってきましたけど、我々の世代も60を過ぎてきて、これからの日本の心理臨床を支えていくのは20代、30代の若手です。ですから、若手の人たちの頑張りに期待するということと、いつまでも我々60代の還暦過ぎの人たちに頼ってちゃいかん。何か頼らずに、この自分達で自分たちの道を拓くのだという意識をもってほしいと思いますね。

　心理職の国家資格化を推進しているのは僕とか60すぎの人が中心ですよ。老体に鞭打って皆頑張ってるんです。けどもね、資格の説明会があったときに、30前後の人たちが来てたので、「今日どうだった？」って聞いたら、「なんだか偉い先生が雲の上で話をしている」と。「資格問題が雲の上の話で自分たちにはピンとこない」と。そんな認識なんですよ。

　我々は、国家資格できたらたぶん資格取れないんじゃないかな。経過処置で試験があるからね。僕たちは試験受けて通る自信ないですよ。

　だから国家資格できるというのは、もう我々にとってはどうでもいいんですよ。資格あってもなくても。大学の先生のステータスもあるわけですから。資格あるかないかが大事なのは20代30代の人たち。この人たちにはこれからの人生を大きく変えるという具合に。「なんか60過ぎの人はヤケに頑張ってるなあ」という感覚でいる20代30代との落差に危機感を感じます。やっぱりこういう権利とかそういうのは、自分で獲得しないと。与えられた資格というのを享受してというのでは、まともな心理臨床家にならない気がするね。若者たちが自分たちで国家資格を勝ち取ったという実感をもって、国家資格化が実現されることが大事だと思います。

与えられる自由ってのは、本当の自由じゃないんです

—— 社会的な役割や、そもそも何かをこう獲得しようとする意識が希薄なのかもしれませんね。

野島　希薄だね。それはここ最近つよく感じます。なんか我々の学生運動の時代は、自由は与えられるものではなく獲得するものだと、与えられる自由というのは本当の自由ではないのだというのがあって、皆が額に汗して頑張って、ときには武力衝突して血を流しているわけですよ。自分で獲得するということ。けども今の20代30代の人はね、自由がなんか与えられるものであると思ってるんじゃないかな。

—— 今の話を伺いながら、私は今密かに衝撃を受けているんです。私は資格問題に

ついて40代50代の方々は何をしてるのだろうと思ってたんで……。自分のこと全然思ってなくて、「ここの業界って中堅はいないのかなあ」って感じてました。それから資格を考えるための色んなグループがありますよね。だけどメンバーが一緒ですよね。

野島　そう皆一緒なんですよ。

──　それも「何でかなあ」「人がいないのかなあ」って思っていたんですけど、もっと20代30代も当事者意識を持たないといけないのですね。

野島　やっぱり当事者意識が弱いし、それから獲得するというより、棚ぼたで口あけて待っていたら、国家資格が口に入ってくると思っているような。もしかしたら「先生方が頑張ってる」っていう意識もないかもね。「ピンとこないけど、なんか国家資格が実現するかもしれんなあ」っていう何か他人事みたいな感じや。

──　そういうところはあると思います。当事者意識を持って、自分たちの道は自分たちで切り開いていかなくてはいけないのですね。

資　　料

　エンカウンター・グループに関する日本の論文リスト【資料1】の他、エンカウンター・グループ実施の際に使用しているアンケート用紙、「参加者カード」と「セッションアンケート」を資料として掲載します【資料2】。グループ実施の際にご活用ください。
　なお、野島研究室および関係者により開催しているグループの開催要項【資料3】をあげています。これらのグループは現在継続中のものと、終了したものがあります。グループのイメージアップとして役立てば幸いです。

【資料1】　エンカウンター・グループに関する論文リスト

【資料2-1】　参加者カード

【資料2-2】　セッションアンケート

【資料3-1】　インターカレッジ・エンカウンター・グループ開催要項

【資料3-2】　大学院生グループ募集要項

【資料3-3】　Wimyn Week End 合宿ちらし

【エンカウンター・グループに関する論文リスト】

これまでに学会誌に掲載されているエンカウンター・グループに関する論文リストを、資料として掲載します。日本におけるグループ実験に関する書籍、論文については、「わが国の「集中的グループ経験」に関する文献リスト」として、1997年より毎年、野島一彦氏が坂中正義氏との連名でまとめております。ここに掲載しているリストは、この文献リストをもとに、エンカウンター・グループに関する学会誌掲載論文の一覧を、三國牧子氏が作成したものです。グループ臨床を学ぶ過程で、グループ臨床の実践をどう研究としてまとめると良いか、具体的なイメージ作りに役立てていただけるとだけではなく、このリストをもとに論文に触れ、

名前	発表年	タイトル	学会誌名	
野島一彦	1973	エンカウンター・グループにおける関係認知の変化	相談学研究	6(1・2), 37-43
村山正治・野島一彦・安部恒久・岩井力	1979	日本における集中的グループ経験研究の展望	実験社会心理学研究	18(2), 139-152
福井康之・小柳晴生	1980	エンカウンター・グループ経験の効果の測定について	相談学研究	13(1), 1-8
字田川一夫	1981	エンカウンター・グループ経験による自己概念の変化の研究——集中的グループ体験者群と初体験者群の比較	相談学研究	13(2), 62-69
保坂亨	1983	エンカウンター・グループにおけるファシリテーターの問題について	心理臨床学研究	1(1), 30-40
安部恒彦	1984	青年期仲間集団のファシリテーターに関するグループ・アプローチ	心理臨床学研究	1(2), 63-72
安部恒彦	1984	登校拒否児を持つ母親に対するグループ・アプローチ	人間性心理学研究	2, 110-120
畠瀬稔	1984	エンカウンター・グループ経験における日米比較研究	人間性心理学研究	2, 79-97
野島一彦	1985	エンカウンター・グループにおけるHigh LearnerとLow Learnerの事例研究	人間性心理学研究	3, 58-70
保坂亨	1985	エンカウンター・グループにおけるセッション外活動の影響——参加メンバーによる事例報告	人間性心理学研究	3, 46-57
申栄治	1986	エンカウンター・グループにおけるメンバーのファシリテーターの成長度ピアレンジ作成の試み	心理学研究	57(2), 39-42
申栄治	1986	エンカウンター・グループの発達的・治療的意義の検討	心理臨床学研究	3(2), 38-47
保坂亨・岡村達也	1986	キャンパス・エンカウンター・グループの発達的・治療的意義の検討	心理臨床学研究	1(1), 15-26
伊藤義美・森崎康宣・中尾道子	1987	3・3・1方式による比較的高齢者の多いエンカウンター・グループ——3・3・1方式の提起と事例によるコファシリテーション	カウンセリング研究	20(1), 11-28
林もも子	1987	探索的研究方法：多数事例報告データによる仮説検索——体験過程の促進からみたエンカウンター・グループ体験過程スケールによるエンカウンター・ファシリテーター関係の研究経験に基づく一考察	人間性心理学研究	5, 44-60
村山正治・樋口昌己	1987	体験過程の促進からみたエンカウンター・グループ体験過程スケールによるエンカウンター・ファシリテーター関係の研究	人間性心理学研究	5, 88-98
伊藤義美・増田実	1989	「箱庭方式」による学生エンカウンター・グループの事例研究——精神障害をもつ参加者の影響とその対応	人間性心理学研究	6, 36-48
野島一彦	1989	構成的エンカウンター・グループと非構成的エンカウンター・グループにおけるファシリテーター体験の比較	心理臨床学研究	6(2), 40-49
林もも子	1989	エンカウンター・グループの発展段階尺度の作成	心理臨床学研究	60(1), 45-52
林もも子	1990	エンカウンター・グループにおけるコ・ファシリテーター関係の重要性	心理学研究	61(3), 184-187
林もも子	1990	コ・ファシリテーター関係に影響する諸要因——探索的研究	人間性心理学研究	8, 90-99
広南寛子	1990	看護学教育における集中的グループ体験の教育的機能——6事例の考察	人間性心理学研究	8, 77-89
尾川丈一・飯島修治	1990	エンカウンター・グループにおける「スリーデン」導入の試み	人間性心理学研究	8, 100-107

著者	年	タイトル	雑誌	巻(号), 頁
中田行重	1992	エンカウンター・グループの研究と実際	人間性心理学研究	10(1), 25-29
平山栄治	1992	Rogers (1970) におけるエンカウンター・グループの効果に関する再検討――効果目録の作成に向けて	人間性心理学研究	10(1), 30-34
尾川丈一	1992	グループ・プロセスにおける「リーダーシップ」の検証――グループ・アス・ア・システムの視点より	心理臨床学研究	10(1), 40-52
中田行重	1993	エンカウンター・グループのファシリテーションについての一考察――看護学校の一事例より	心理臨床学研究	10(3), 53-64
平山栄治	1993	エンカウンター・グループにおける参加者の個人過程測定尺度の作成とその検討	心理学研究	63(6), 419-424
平山栄治	1993	参加者の個人過程の展開からみたエンカウンター・グループ発展段階	心理臨床学研究	11(2), 164-173
松浦光和・清水幹夫	1993	Basic Encounter Group のためのファシリテーター認知テストの作成 I	カウンセリング研究	26(2), 132-138
坂中正義	1994	エンカウンター・グループ発言カテゴリーの作成とその検討	人間性心理学研究	12(1), 46-61
坂中正義	1994	経験者と未経験者からなるエンカウンター・グループ・プロセスについて――「エンカウンター・グループ発言カテゴリー」をもちいて	人間性心理学研究	12(2), 186-198
平山栄治	1994	エンカウンター・グループにおける高成長者と低成長者の個人過程の比較	心理臨床学研究	12(3), 263-273
林もも子	1995	エンカウンター・グループの発展段階尺度の特徴	心理臨床学研究	12(4), 378-383
中田行重	1996	エンカウンター・グループにおけるセッション体験の意義――3事例を通して	人間性心理学研究	14(1), 39-49
坂中正義	1998	体験過程の視点からみたエンカウンター・グループでの相互作用――その測定の試み	人間性心理学研究	16(2), 146-158
中田行重	1999	研修型エンカウンター・グループにおけるファシリテーション――逸脱行動への対応を中心として	人間性心理学研究	17(2), 30-44
松浦光和・清水幹夫	1999	Basic Encounter Group の個人プロセス調査用尺度の作成	カウンセリング研究	32(2), 68-78
松浦光和	2000	ロジャーズ (1970) の考え方に基づいたエンカウンター・グループ効果測定尺度の構成――平山 (1992) を参考にして	人間性心理学研究	18(2), 139-151
坂中正義	2001	ベーシック・エンカウンター・グループにおける C. R. Rogers の3条件の測定――関係認知の視点から	心理臨床学研究	19(5), 466-476
中田行重	2001	ファシリテーターの否定的自己開示	心理臨床学研究	19(3), 209-219
安部恒彦	2002	既知集団を対象としたエンカウンター・グループのファシリテーション	心理臨床学研究	20(4), 313-323
鎌田道彦・村山正治	2002	大学初期にクラスになじめなかった学生への支援――エンカウンター・グループを通して	人間性心理学研究	20(2), 20-30
武蔵由佳・河村茂雄	2003	日本におけるエンカウンター・グループ研究とその課題――Basic Encounter Group 研究と Structured Group Encounter 研究の比較から	カウンセリング研究	36(3), 282-292
内田和夫	2004	研修現場におけるエンカウンター・グループにおける沈黙と言葉	心理臨床学研究	22(3), 297-307
鎌田道彦・本山智敬・村山正治	2004	学校現場における PCA Group 基本的視点の提案――非構成・構成法にとらわれないアプローチ	心理臨床学研究	22(4), 429-439
金子周平	2006	スキーマ・ゴール現象に対するファシリテーションの検討――看護学生を対象にしたエンカウンター・グループの事例から	人間性心理学研究	24(2), 1-11
倉戸ヨシヤ・大下勝・王井敬一郎・原合鹿樹	2006	エンカウンター・グループによる"システマティック教育"の試み――その目的・構造・運営・結果・問題点について	人間性心理学研究	24(1), 47-60
岩村聡・吉澤良ू・本山智敬	2010	学生相談カウンセラーのためのエンカウンター・グループ	学生相談研究	30(3), 191-201

参加者カード

氏名		男・女	才	グループ経験： 　回

〇参加前の気持ち　　　　　　　　　　　年　　　月　　　日記入

　　グループ（研修会）への参加動機・期待・不安等をお書きください。

●あなたのグループ（研修会）への参加意欲は：

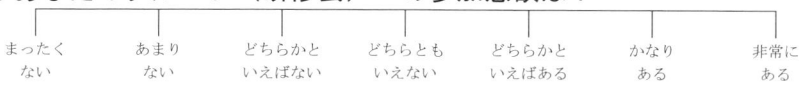

まったく ない	あまり ない	どちらかと いえばない	どちらとも いえない	どちらかと いえばある	かなり ある	非常に ある

●あなたのグループ（研修会）への期待は：

まったく ない	あまり ない	どちらかと いえばない	どちらとも いえない	どちらかと いえばある	かなり ある	非常に ある

〇参加後の気持ち　　　　　　　　　　年　　　月　　　日記入
　グループ（研修会）を終えての感想・意見・要望等をお書きください。

●あなたのグループ（研修会）への満足度は：

| 非常に不満 | かなり不満 | どちらかといえば不満 | どちらともいえない | どちらかといえば満足 | かなり満足 | 非常に満足 |

セッション☐の感想　　　氏名

○グループの動き・雰囲気，他のメンバーの動き

○自分の動き，感情の流れ，行動

○ファシリテーターについて

○満足した点

○不満足なこと，心残りなこと，気がかりなこと

○その他どんなことでも自由に書いてください

● あなたは今のセッションに現在どのくらい魅力を感じていますか

まったく感じない ── あまり感じない ── どちらかといえば感じない ── どちらでもない ── やや感じる ── かなり感じる ── 非常に強く感じる

2010年度　インターカレッジ・エンカウンター・グループ

　インターカレッジ・エンカウンター・グループとは、複数の大学からの参加者が集うエンカウンター・グループです。

　エンカウンター・グループは、10人前後の人々とファシリテーター（世話人）と呼ばれる人で構成されます。期間中は、おおむね、ゆったりとした時間の流れの中で、あらかじめ話題を決めない自由な話し合いを中心に過ごします。年齢や性別等にとらわれない対話の中で、自分や人の声に耳を傾けることができるでしょう。自分の心の中に思いがけない発見をしたり、誠実に探求する人の姿から、新しい生き方のヒントが得られるかもしれません。

　「聞いたことはあるけど、体験したことがない」「興味はあるけど、これまで二の足を踏んでいた」「グループ臨床をやってみたい」「たまたま時間が空いている」どんな方でも大歓迎。ふるってご参加下さい！

■日時：2010年10月9日（土）～11日（月、祭日）
■場所：九州大学総合臨床心理センター（福岡市東区箱崎 6-19-1）
　　　　http://nojima2.hes.kyushu-u.ac.jp/
　　　＊オリエンテーションは初日9時30分からセンター3階和室にて行います。
■参加費：700円（お菓子・お茶代として）
■タイムスケジュール：

日付	9:30～		10:30～12:30		13:45～15:45		16:30～18:30
9日（土）	オリエンテーション	移動	セッション①	昼休み	セッション②	休憩	セッション③

日付		10:00～12:00		13:15～15:15		16:00～18:00
10日（日）		セッション④	昼休み	セッション⑤	休憩	セッション⑥

日付		10:00～12:00		13:15～15:15		15:30～
11日（月）		セッション⑦	昼休み	セッション⑧	移動	全体会

■スタッフ：
・オーガナイザー：野島　一彦（九州大学大学院人間環境学研究院・教育学部教授）　092-642-3154
・ファシリテーター：大庭美奈（M2）、橋詰郁恵（M2）、平田陽子（M2）、山口雄介（M2）、
〔九州大学院生〕　高田加奈子（M1）、陳香蓮（M1）、土田裕貴（M1）、中野愛（M1）、
　　　　　　　　野口恵美（M1）、他1名
・マネージャー（申込み・問合せ先）：山口祐子（D1）

■その他：
・グループ分けは当日発表します。（5グループ編成予定です）
・当日はリラックスできる服装でいらして下さい。
・昼食は休憩時間に各自で自由にとって下さい。

現在、募集中です。
ぜひ、ご参加ください♪

■参加申込締切＝9月24日（金曜）（但し、先着順30名で締切ります）
　申込はメールまたは以下の申込書をマネージャーまでお願いいたします。

・・・

参加申込書

お名前		所属		性別	男・女
連絡先	E-Mail：		グループ経験		有・無
	電話：				

エンカウンター・グループ
—臨床心理系の大学院生(M○)を対象に—

　エンカウンター・グループは、10人前後の人々とファシリテーター（世話人）と呼ばれる人で構成されます。おおむね、ゆったりとした時間の流れの中で、あらかじめ話題を決めない自由な話し合いを中心に過ごします。大学院での生活や日常生活を通して、困っていること、悩んでいること、話したいこと、聞いてみたいこと等を自由に語り合ってみませんか?初めての方でも大歓迎ですので、ふるってご参加ください！

【日時】第1回 6/24(土)、第2回 7/22(土)、第3回 9/23(土)、第4回 10/21(土)　〈全4回完結〉
　　　　18〜21時(1回3時間、途中小休憩あり)
　　＊参加回数は自由です。1回のみの参加でも可です。毎回の参加も大歓迎です。
【場所】□□大学総合臨床心理センター3F 和室
　　＊変更があるかもしれませんが、ご了承ください。変更がある場合には事前にご連絡致します。
【参加費】無料
【対象者】□□大学大学院△△学府の臨床心理系の大学院生(M○)の男女(各回の定員は8名)
【スタッフ】
スーパーヴァイザー：××××(□□大学大学院△△学研究院教授)
ファシリテーター：××××(□□大学大学院△△学府修士課程2年)
　　　　　　　　　××××(□□大学大学院△△学研究院)

【その他】
・本グループは**事例研究論文の研究の一環として実施**するため、研究にしてよいと同意してくださる方のみご参加をお願い致します。なお、個人情報の取り扱いには十分に注意致します。また、ここで知り得た情報は研究の目的以外では使用しません。
・全4回終了以降、インタヴュー調査(40〜50分程度)を行なう予定ですが、できるだけご協力をお願い致します。
・当日はリラックスできる服装でいらしてください。
・当日はお菓子を持ち寄って食べながらやりたいと思いますので、可能な方はお好きなお菓子を持って来られてください。飲み物はこちらで用意してあります。
【申し込み・問い合わせ】
・お申し込みはメールにて受け付けております。お申し込み先は、二ノ宮(××××@×××.ne.jp)までお願い致します。
・全4回の参加者のおおよその人数を把握するため、参加を希望される方は**6月12日(月)までに**お申し込みください。なお、一度お申し込みされてもキャンセルはできます。また、お申し込みされなくてもグループが実施される週の水曜日までにお申し込みくだされば定員に余裕があれば参加できます。
・何かご不明な点などがありましたら、二ノ宮まで遠慮なくお問い合わせください。

　ご協力どうぞよろしくお願い致します。

Wimyn Week End.

What
これは、WWE (Wimyn Week End)からの招待状らしく読むべし!
It is the invitation from WWE (Wimyn Week End) Please do read it.

Why
福岡市内から1時間、だんだん少なくなってきた
地元の自然を体感しながらワークショップを
今とここからの私たちなりにすることから
始めていきたいです。
昼はBBQ、昼もアウトランチ。
空気がキレイな場所での
仲間との食事はサイコーです。
日々のストレスを解除していっかり楽しんでください。

One hour from the center of Fukuoka,
it is a workshop which could enjoy the exotic
local nature alone.
We want to start it from what we could do
here and now.
The dinner BBQ, out lunch are all
under the fresh air.
The meals with peers are the best.
Let's release the daily stress and
have a good time.

When
11月17日〜18日 (Sat&Sun)
※部分参加でも、日帰りでもOK

The 17th and 18th of November (Sat&Sun)
*partial participation and day trip are ok!

Where
大野城いこいの森 キャンプ場内ログ宿泊
大野城市無番地667-58
<アクセス>
西鉄バス「大利駅下車→21番」バス→牛頸下車
(平野ハイツ経由月の瀬営業所又は平野行)
※現地へのボランティアスタッフがお迎えします。
駐車場あり
☆お車をお持ちの方はぜひご協力ください!!

Oonojo Ikoinomori Camping area& lodgement
Oonojo City Oshikubo667-58
<Access>
Nishitetsu Shinotai Station→ Bus No21→ Oshikubo Station
(Via Hirano Heights, the way to Tsukinomura Office
or Hirano Heights)
The volunteer staff would pick us from Oshikubo Station
-Parking OK
☆We are looking for the volunteer staff with car!

Who
あなたの参加をお待ちしています!!
ここに集まるのは、同じ仲間達と
理解あるストレート、Bysexualもアリ。
いろんな価値観で考えることができます。
1人参加も全然OK(申込)ご記入してね!

We are looking forward your joining.
It is a gathering for women only
Not only women, but to enhance
understanding, there are bisexuality and etc.
A place for various senses of value and
thinking it is absolutely fine to join us by oneself
Please file up the application

How
WWE参加はしたことないけど…ってても大丈夫
告白/ワークショップの時間帯使って
コミュニケーション、なんならトーキーパーの
お手伝いしたらどう?
自分ワークショップをひらいて
みんなと楽しんだりコミュニケーションでもるよ、
何でも私たちに相談してね

I have never joined the WWE before…
but, it is OK!
The time of boarding and workshops
are for communication
How about give a hand to the organizer?
You could call up a workshop to discuss
the topic you have interested in
Please feel free to consult us if there is any thing

♀LOVE♀
2007.11.17-18
http://members2.jcom.home.ne.jp/wimynweekend/

comment

WWEスタート2年、7回目を迎えます。回数を重ねる度、このウィークエンドキャンプへの意味が深くなっていきます。私たち当事者一人一人が、良いコミュニケーションをとり、色々な事のきっかけになれば幸いです。楽しむ心をいっぱい使っていきましょう。

Mei Organizer

時間を立つのは早いですね。あっという間に、もう7回目のキャンプを迎えますが、皆のWWEは、皆のカでさらに多彩でさらに楽しくなっていきますと7回目のキャンプで、皆さん一緒に楽しんでいきましょう。

持ってくるもの

筆記用具・お財布・防寒着・洗面用具（シャンプー・リンスはありませんので必要な方は持参してください）・雨具・おやつ（バナナは入りません）・ハンガー・5円玉・タオル・着替え・楽しむ心（酒類は入っているかな?）常用している薬があれば各自持ってくること）・充電器・携帯

※11月ですので、夜の山の中は寒いのです。それぞれ防寒対策を忘れないように!!また病気の方の対策もキチンとしましょう!

申込み 参加費について

参加費6,500円 電話連絡後（夜@2,500円・朝@500円・昼@500円、部分参加の方は参加費用から上記費用を差し引いた金額）を下記口座に振込込みかDoze Doseまでに持参ください。尚、振込された方は［振込書］を当日ご持参ください。

みんなで楽しいWWEにする為の注意事項

● **時間厳守!!**団体行動なのですから守りましょう。
● **野外活動**に伴う危険など、貴重品などは、十分に注意して自己管理してください。
● **体調**は万全に!
● **事故**やケガのないように、大人らしい行動を。

その他、ボランティアスタッフの指示がある時は、それに従ってください。
ゴミ等を散らかさないように来たときよりも美しく。
ワークショップでのお話は、お互いのプライバシーに関わる事が多くありますのでマナーを守りましょう。

Time schedule

11.17.SAT

Workshop
- pm.01:00　集合
- pm.01:30〜　Welcome meeting　宿泊棟 ロッジへ移動
- pm.02:00　
- pm.02:00-pm.02:50　レスピアと自己紹介
- pm.02:50　
- pm.03:00　
- pm.03:00-pm.03:50　エイジング〜ヘルスツアー〜
- pm.03:50　
- pm.04:00　
- pm.04:00-pm.04:50　シンポジウム〜ボーラスタッフトーク〜
- pm.04:50　
- pm.05:00　
- pm.05:00-pm.05:50　マッサージ
- pm.05:50　
- pm.06:00〜　夕食準備
- pm.07:00〜　Let's Dinner with ポジョンParty!!
- pm.09:00　
- pm.09:00-pm.09:50　国際交流
- pm.09:50　

タイムスケジュールに担当が記載無い注意事項は
到着したらCheck in! 人数確認 長湯決めの必要なオーガナイザーに入室ありません/ご連絡ください。
Please check in with Organizers.

ドリンクもあります。
みんなで協力しあって準備しましょう!

後は各自楽しんでください!!

11.18.SUN

Workshop
- am.06:30　
- am.06:30-am.06:50　Feeling 座禅
- am.06:50　
- am.07:00〜　朝食準備　（朝食当番）
- am.08:00〜　おはよう朝ごはん!

Workshop
- am.09:10　
- am.09:10-am.10:00　性別一語講習
- am.10:00　
- am.10:10-am.10:40　昼食準備とお片付け
- am.10:40　帰りの会
- am.11:00　チェックアウト

みんなで協力しあって準備しましょう!

サングをしながらのご注意、ロッジの次の利用の方の為に来たときよりも、みんなできれいにしましょう!

AFTER 外遊び!!

初出一覧

下記の章は、以下に掲載された原稿を大幅に加筆修正し再録したものです。

序　章
野島一彦（2006）「心理臨床家をどう育てるか」『こころの科学』130，日本評論社，pp.2-6．

第1章／第1節
野島一彦（1985）「グループファシリテーターの養成をめぐって」『九州大学心理臨床研究』4，pp.99-105．

第1章／第2節
野島一彦（2001）「ファシリテーターを養成する立場から」『集団精神療法』17（1），pp.10-12．

第1章／第3節
本山智敬（2001）「ファシリテーターとして養成を受ける立場から」『集団精神療法』17（1），pp.10-12．

第3章／第2節
野島一彦・内田和夫（2001）「『コ・ファシリテーター方式』による構成的エンカウンター・グループのファシリテーター養成の試み」『九州大学心理学研究』2，pp.43-51．

第3章／第3節
内田和夫・野島一彦（2003）「ベーシック・エンカウンター・グループのファシリテーター養成における『コ・ファシリテーター方式』の意義——『ちがい』に着目して」『九州大学心理学研究』4，pp.75-81．

なお、2011年3月5日に実施された日本人間性心理学会関東部会研修会における講演「私とエンカウンター・グループ論」の内容を、第2章／第1節・第2節、第5章／第1節に掲載しています。

文　　献

阿部啓子（1981）「第2回 グループ臨床カンファレンス報告」福岡人間関係研究会『エンカウンター通信』107，2-5．
安部恒久（1979）「私のグループ体験」『九州大学教育学部心理教育相談室紀要』5，80-87．
安部恒久（1980）「第1回 グループ臨床カンファレンスを終えて」福岡人間関係研究会『エンカウンター通信』97，2-6．
安部恒久（1982）「エンカウンター・グループにおけるファシリテーターに関する研究」『中村学園研究紀要』15，1-15．
安部恒久（1984）「青年期仲間集団のファシリテーションに関する一考察」『心理臨床学研究』1（2），63-72．
安部恒久（2010）『グループアプローチ入門』誠信書房．
福田　麗・野島一彦（2002）「ベーシック・エンカウンター・グループの『コ・ファシリテーター体験』に関する事例研究的検討」『九州大学心理学研究』3，167-174．
原賀一敏（2002）「ベーシック・エンカウンター・グループの『ペア・ファシリテーター体験』に関する事例研究的検討――『コ・ファシリテーター体験』との比較」『日本人間性心理学会第21回大会発表論文集』126-127．
畠瀬　稔（1977）「グループ促進の方法」佐治守夫・水島恵一編『心理療法の基礎知識』有斐閣，139-140．
林もも子（1991）「エンカウンター・グループにおけるコ・ファシリテーター関係が初心者ファシリテーターの成長に及ぼす影響」東京大学学生相談所「東京大学学生相談所紀要」，7，28-39．
保坂　亨（1983）「エンカウンター・グループにおけるファシリテーターの問題について」『心理臨床学研究』111，30-40．
岩村　聡（1981）「グループ・ファシリテーターの自己表明について」広島大学保健管理センター編『Phoenix-. Health』16，99-108．
国分康孝（1981）『エンカウンター――心とこころのふれあい』誠信書房．
久保昌昭・横山正博（2010）「事例検討会を通じたソーシャルワーカーの実践力向上に関するモデル作成の試み――ソーシャルワーク機能を実践で生かすために」『山口県立大学学術情報』3，73-80．
前田重治編（1986）『カウンセリング入門』有斐閣選書．
宮崎伸一郎（1983）「看護学生エンカウンター・グループにおけるファシリテーションの方法に関する一考察」『九州大学心理臨床研究』2，77-87．
本山智敬・永野浩二（2008）「若手グループ臨床家のためのファシリテーター・トレーニ

ング──自分の感覚を活かすためのPCAトレーニング」『日本心理臨床学会第27回大会発表論文集』130.
村山正治・野島一彦（1975）「エンカウンター・グループの1事例（1）──ファシリテーターの機能を明確にする一つの試み」『日本心理学会第39回大会発表論文集』499.
村山正治（1977）「日本の現在と今後の課題」村山正治編『エンカウンター・グループ』福村出版，173-189.
村山正治（1979）「私のオーガナイザーとしての経験」『九州大学教育学節心理教育相談室紀要』5，109-114.
村山正治・野島一彦（1979）「相互啓発グループ」村山正治・上里一郎『セルフ・ヘルプ・カウンセリング』福村出版，131-147.
村山正治（1982）「福岡人間関係研究会の活動──エンカウンター・グループを媒介としたコミュニティの形成」『九州大学教育学部紀要（教育心理学部門)』27（1），61-69.
中田行重（2005）『問題意識性を目標とするファシリテーション──研修型エンカウンター・グループの視点』関西大学出版部.
野島一彦（1960）「エンカウンター・グループにおけるファシリテーターの事例研究」『久留米信愛女学院短期大学研究紀要』3，41-67.
野島一彦（1975）「エンカウンター・グループの1事例（2）──ファシリテーターの機能を明確にする一つの試み」『日本心理学会第39回大会発表論文集』500.
野島一彦（1979）「私のグループ体験」『九州大学教育学部心理教育相談室紀要』5，70-79.
野島一彦（1981a）「あるエンカウンター・グループ経験者の臨床事例研究」『福岡大学人文論叢』1214，1319-1355.
野島一彦（1981b）「エンカウンター・グループの過程に関する事例研究──発展段階の仮説の臨床的検討」『福岡大学人文論叢』1312，285-324.
野島一彦（1981c）「エンカウンター・グループにおけるLow Leaarnerの事例研究」『福岡大学人文論叢』13（3），583-618.
野島一彦（1982a）「エンカウンター・グループ・プロセス編」『福岡大学人文論叢』13（4），891-928.
野島一彦（1982b）「第3回 グループ臨床カンファレンス報告」福岡人間関係研究会『エンカウンター通信』117，1-2.
野島一彦（1982c）「メンバーからみたエンカウンター・グループ経験の考察──『セッション・アンケート』をもとに」『福岡大学人文論叢』14（2），409-449.
野島一彦（1984）「第5回 グループ臨床カンファレンスの報告」福岡人間関係研究会『エンカウンター通信』136，1.
野島一彦（1985）「グループ・ファシリテーターの養成をめぐって」『九州大学心理臨床研究』4，99-105.
野島一彦（1990）「グループ・アプローチ」小川捷之・鑪幹八郎・本明寛編『臨床心理学を学ぶ』金子書房.
野島一彦・五十嵐瑞枝・市川佐栄子・堀部とみ子・手嶋千恵子・小林由紀子・牧 聡（1991）「デイケアにおける『心理ミーティング』導入の試み──その効果と意義をめぐる検討」『集団精神療法』7（1），49-54.

野島一彦（1992）「私のスーパーヴァイザー体験——その実際と問題・課題」『心理臨床』5（3），163-168．
野島一彦（1997）「心理臨床家をめざす人に望むこと」『九州大学心理臨床研究』16，1-2．
野島一彦（1997）「集団精神療法家への『二刀流』のすすめ」『集団精神療法』13（1），45．
野島一彦（1999）「グループ・アプローチへの招待」野島一彦編『現代のエスプリ』385 グループ・アプローチ，至文堂．
野島一彦（2000）『エンカウンター・グループのファシリテーション』ナカニシヤ出版．
野島一彦・内田和夫（2001）「『コ・ファシリテーター方式』による構成的エンカウンター・グループのファシリテーター養成の試み」『九州大学心理学研究』2，43-52．
大須賀発蔵・大須賀克己（1977）「私のファシリテーター体験（対談）」村山正治編『エンカウンター・グループ』福村出版，158-172．
Rogers, C.R.（1961）*"This is me"*, *On Becoming a Person*, Houghton Mifflin. C. ロジャーズ（1967）「私を語る」村山正治（編訳）『人間論　ロージャズ全集第12巻』岩崎学術出版社．
Rogers, C.R.（1970）*Carl Rogers on Encounter Groups*, Harper & Row.
Rogers, C.R.（1987）The underling theory: Drawn from experience with individuals and groups. *Counseling and Values*, 32（1），38-45．
坂中正義（2005）「構成的エンカウンター・グループにおける心理的安全感を重視したファシリテーション——『深めない工夫』と『プロセス的視点』」福岡教育大学教育学部附属教育実践センター『教育実践研究』13，111-120
下田節夫（1984）「エンカウンター・グループにおけるコ・ファシリテーター関係について——集団心理療法におけるコ・セラピスト論を参考に」『東京大学学生相談所紀要』3，17-34．
杉渓一言（1981）「エンカウンター・グループの課題」『サイコロジー』17，28-35．
高松里（1983）「セルフ・ヘルプ・グループのための Peer-Facilitator Training ——『月曜会』『土曜会』における試み」『九州大学心理臨床研究』2，89-97．
都留春夫（1977）「私のファシリテーター体験」村山正治編『エンカウンター・グループ』福村出版，145-157．
内田和夫・野島一彦（2003）「ベーシック・エンカウンター・グループのファシリテーター養成における『コ・ファシリテーター方式』の意義——『ちがい』に着目して」『九州大学心理学研究』4，75-81．
山口勝弘・穂積登（1976）「大学生の集中的グループ体験学習のあり方について——学生グループの特徴とスタッフのあり方」『日本心理学会第40会大会発表論文集』1079-1080．
山口祐二（1982）「ファシリテーター論の試み——臨床教育エンカウンター・グループを通して」『九州大学心理臨床研究』1，75-85．

索　引

あ　行

アウトカム　35
異質性の共存　119
エンカウンター・グループ〔頻出〕
　　　構成的〜　8
　　　ベーシック・〜　8
　　　〜研究会　51
　　　〜セミナー　55
　　　〜的精神　7
　　　EG 像志向 EG 観　87

か　行

「開放的態度形成」過程　44
型　99
カンファレンス　80
　　　事例〜　58
疑仲間関係　73
共感　117
　　　〜的理解　118
クリエイティブプロセス　118
グループ〔頻出〕
　　　スモール〜　112
　　　〜からの脱落　45
　　　〜の安全・信頼の雰囲気形成　44
　　　〜のことはグループで扱う　102
　　　〜の目的・同一性の模索　40
グループ・プロセス　35, 40
　　　〜論　41
訓練分析　86
言語化　47

構成的エンカウンター・グループ〔エンカウンター・グループも見よ〕　8
鋼鉄のシャッター〔映像〕　61
心の体格・体力　3, 115
　　　ヴァイジーの〜を見立てる　103
個人〔頻出〕
　　　〜の自己理解の援助　45
個人過程・個人プロセス　35, 43
コ・ファシリテーター　8
　　　〜関係　77, 78
　　　〜体験　52
　　　〜方式　16, 73
コミュニティミーティング　112
これが私の真実なんだ〔映像〕　61

さ　行

サポーティブな態度　23
3 直　116, 117
ジェヌインネス、genuine　115, 116
「自己理解受容」過程　44
自己理解（個人の〜の援助）　45
自助グループ　85
実現傾向　7
自発性　101
嗜癖　85
終結期　41
「主体的・想像的探索」過程　43
事例カンファレンス　58
親密感の確立　40
心理的損傷（〜の防止）　45, 111
スタッフ・ミーティング　16

スーパーヴィジョン／スーパーヴァイザー　23, 26
　　グループ・スーパーヴァイザー　81
　　グループ進行中のスーパーヴィジョン　80
　　セルフ・スーパー・ヴィジョン　15
　　ライブ・スーパーヴィジョン　27
相互啓発方式　17
相互作用の活性化　44
相互信頼の発展　40
即応性　9

た行

「他者援助」過程　44
中核（態度）三条件　7
治療論　30
出会いへの道〔映像〕　61
出店方式　56
展開期　41
導入期　41
当惑・模索　40

な行

人間性　3
「人間関係親密化」過程　44
人間関係能力　16
人間関係研究会　61
　　福岡〜　15
「人間理解深化・拡大」過程　44

は行

ハイディベロップメント・グループ　42
発展段階仮説　40, 120
場面設定　38
バランス　5, 22, 63
peer-facilitator Training　18
PCA　4, 114

〜的生き方　4
〜の基本　7
〜の基本的理念　78
否定的感情の表出　40, 120
ファシリテーション（〜の機能）　44
ファシリテーションシップの共有化　45
ファシリテーションプロセス　35
ファシリテーター　53
　　コ・〜　8
　　ペア・〜　8
　　メイン・〜　8
　　メンバーの〜化　54
　　〜のコンビネーション　46
　　〜の役割意識　46
　　〜という役割　99
　　〜養成プログラム　50
ファシリテーター体験　8, 95
　　コ・〜　51
　　メイン・〜　52
フィードバックセッション　17
深い相互作用と自己直面　40
プレ・ミーティング　70
ペア・ファシリテーター〔ファシリテーターを見よ〕
ポスト・ミーティング　70

ま行

見立てと手立て　103, 104
ミドルディベロップメント・グループ　42
みんな意識　73
メイン・ファシリテーター〔ファシリテーターを見よ〕
メンバー体験　93
メンバーのファシリテーター化〔ファシリテーターも見よ〕　54

ら 行

ライブ・スーパーヴィジョン　27
ラホイヤ・プログラム（〜の精神）　15, 112
リーダー論　53

ローディベロップメント・グループ　42

わ 行

若手グループ臨床家の集い　97
枠組み　90

編者略歴

髙橋紀子

1977 年、鹿児島県生まれ。
2005 年、九州大学大学院人間環境学府博士後期課程 単位取得後退学。
現在、甲子園大学心理学部講師、臨床心理士。
著書『大学生の友人関係論』共編著〔ナカニシヤ出版，2010 年〕
『心理臨床、現場入門』共編著〔ナカニシヤ出版，2010 年〕

執筆者一覧（五十音順）

安部恒久（鹿児島大学）：第 3 章／第 1 節
内田和夫（若久病院）：第 3 章／第 2 節・第 3 節
金子周平（鳥取大学）：第 4 章／第 3 節、キーワード
金子光代（九州大学大学院）：第 2 章／第 5 節、キーワード
坂中正義（福岡教育大学）：第 3 章／第 4 節
髙橋紀子：第 1 章／第 4 節、第 2 章／第 6 節、第 3 章／第 5 節、第 4 章／
　　　　　第 6 節、第 5 章／第 2 節
高松　里（九州大学留学生センター）：第 4 章／第 5 節
中田行重（関西大学）：第 4 章／第 1 節
野島一彦：まえがき、序章、第 1 章／第 1 節・第 2 節、第 2 章／第 1 節・
　　　　　第 2 節、第 3 章／第 2 節・第 3 節、第 5 章／第 1 節、資料 2、
　　　　　資料 3-1
三國牧子（九州産業大学）：第 4 章／第 2 節、資料 1
本山智敬（福岡大学）：第 1 章／第 3 節、第 2 章／第 3 節、第 4 章／第 4 節
山口祐子（九州大学大学院）：第 2 章／第 4 節

資料提供

廣梅芳　　　　資料 3-3
二ノ宮英義　　資料 3-2

本文中イラスト

阪木淳子

装　画

ミズタマリ

監修者略歴

野島一彦

1947年、熊本県生まれ。1998年、博士（教育心理学）、九州大学。現在、九州大学大学院人間環境学研究院 教授（臨床心理学講座）、臨床心理士。著書に『エンカウンター・グループのファシリテーション』〔ナカニシヤ出版，2000年〕、『HIVと心理臨床』共編著〔ナカニシヤ出版，2002年〕、『エンカウンター・グループと国際交流』共編著〔ナカニシヤ出版，2005年〕、『力動的集団精神療法』共編著〔金剛出版，2010年〕、『パーソンセンタード・アプローチの挑戦』〔創元社，2011年〕などがある。

グループ臨床家を育てる
ファシリテーションを学ぶシステム・活かすプロセス

2011年9月20日　第1版第1刷発行

監修者	野島一彦
編者	髙橋紀子
発行者	矢部敬一
発行所	株式会社 創元社

http://www.sogensha.co.jp/
本社 〒541-0047 大阪市中央区淡路町4-3-6
Tel.06-6231-9010　Fax.06-6233-3111
東京支店 〒162-0825 東京都新宿区神楽坂4-3 煉瓦塔ビル
Tel.03-3269-1051

印刷所　　株式会社 太洋社

©2011, Printed in Japan
ISBN978-4-422-11515-3 C3011

〈検印廃止〉落丁・乱丁のときはお取り替えいたします。

JCOPY 〈（社）出版者著作権管理機構 委託出版物〉
本書の無断複写は著作権法上での例外を除き禁じられています。複写される場合は、そのつど事前に、（社）出版者著作権管理機構（電話 03-3513-6969、FAX 03-3513-6979、e-mail: info@jcopy.or.jp）の許諾を得てください。

パーソンセンタード・アプローチの挑戦
―― 現代を生きるエンカウンターの実際 ――

伊藤義美・高松　里・村久保雅孝
〔編〕

畠瀬稔・畠瀬直子・増田實・広瀬寛子・坂中正義・山田俊介・福井康之・下田節夫・水野行範・大島利伸・永原伸彦・岩村聡・本山智敬・尾﨑かほる・渡邊忠・大築明生・佐藤純子・野島一彦・永野浩二・都能美智代・大須賀克己・松本剛・村山正治
〔著〕

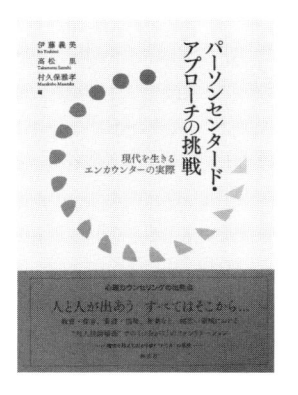

教育・保育、看護・福祉、産業など、幅広い領域における
"対人援助場面"での「つながり」のファシリテーション
――時代を超えて広がりゆくＰＣＡの息吹――

A5判上製　352頁　3,500円＋税

表示の価格に消費税は含まれておりません。